Einführung in die Aphasiologie

실어증의 이해

Jürgen Tesak 저
배진애 · 류병래 · 박정식 역

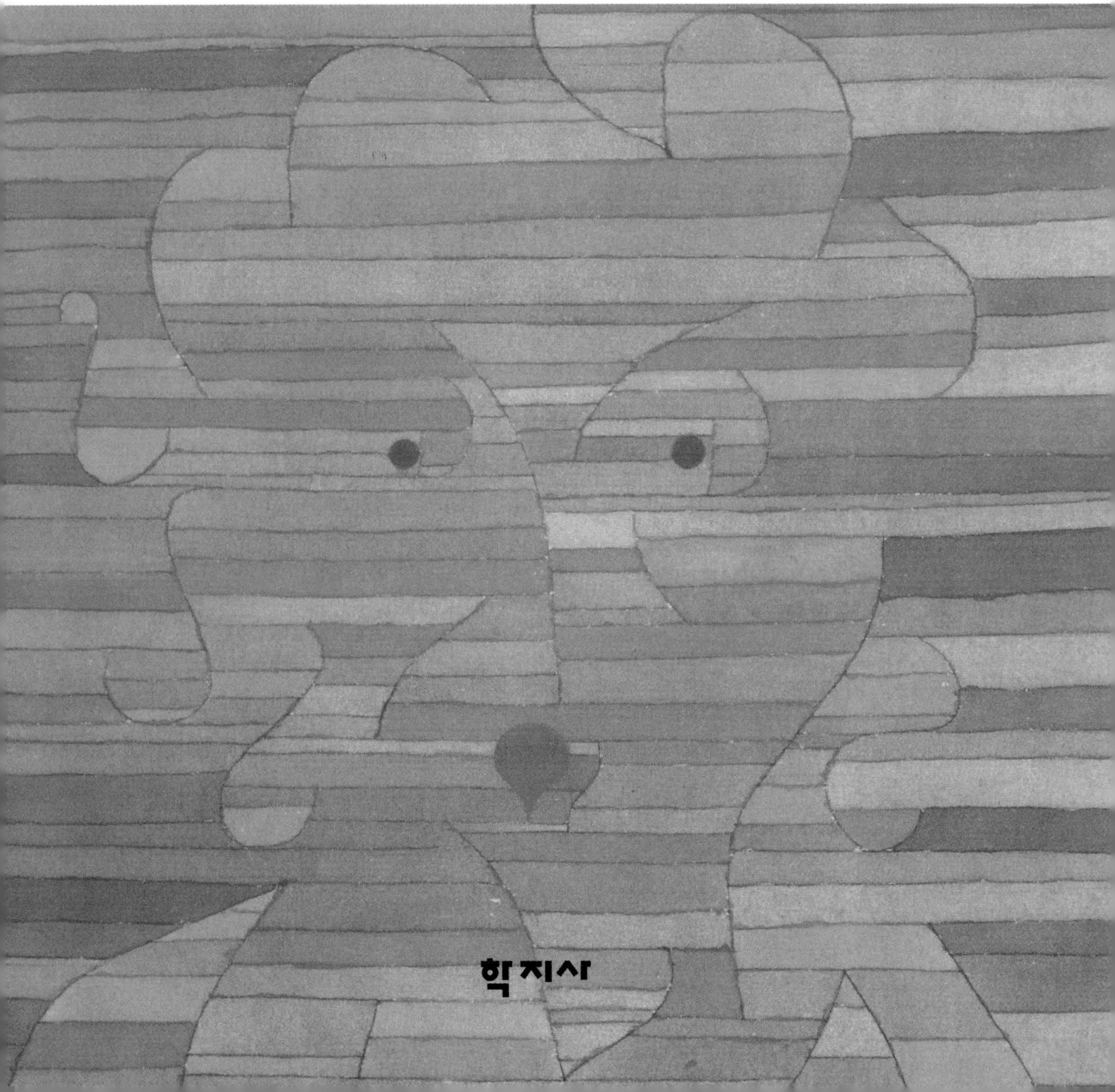

학지사

Einführung in die Aphasiologie

by Jürgen Tesak

역자 서문

요즘 병에는 나이가 없다는 말이 있다. 뇌졸중을 60대 이상의 노년층에나 생기는 병으로 여기던 시대는 지났으며, 임상에서 20~30대 뇌졸중 환자도 자주 볼 수 있다. 뇌졸중이나 교통사고 등으로 뇌를 다치게 되면 대부분 언어장애가 초래된다. 이처럼 뇌 손상으로 생긴 언어장애를 우리는 실어증이라 부른다. 실어증은 신경언어장애의 대표적 유형으로, 대학교 교과과정에도 신경언어장애와 관련된 교과목이 개설되어 있어 실어증 환자들을 이해하는 데 길잡이 역할을 하고 있다.

그러나 지난 몇 년간 대학교에서 신경언어장애 관련 세미나를 강의하면서 학생들이 신경계 손상으로 야기된 성인 환자들의 언어장애를 이해하는 데 특히 어려움을 보이는 것을 경험하였다. 신경언어장애에 관심이 있으면서도 실어증에 대해 쉽게 이해할 수 있는 한국어 교재들이 매우 적어 많은 학생들이 어려움을 겪는 것을 보고 이 책을 번역하게 되었다. 신경언어장애와 관련된 번역서나 저서가 우리나라에는 별로 소개되어 있지 않고, 그나마 번역된 저서들도 영어권에서 사용되고 있는 책들이 주를 이루고 있어 아쉬움이 있기에 독일어권에서 널리 사용되고 있는 개론서 중 쉬운 것을 골라 우리나라에 소개하고자 하였다. 이 책은 제목에서 알 수 있듯이, 언어적 증상과 심리언어학적 모델을 중심으로 실어증에 대한 기본적인 내용들을 알기 쉽게 풀어 쓴 책으로 개론서로 사용하기에 적합하다.

이 책은 전체 6장으로 구성되어 있다. 1장에서는 먼저 실어증의 정의에 대하여 살펴보고, 여러 가지 자질을 토대로 실어증을 분류하는 방법에 대하여 기술하고 있다. 2장에서는 실어증의 증상을 각 언어학적 영역별로 살펴보고, 신경언어장애에서 사용되고 있는 용어에 대해 한국 실어증 환자들이 직접 산출한 예를 토대로 자세히 기술하고 있다. 또한 실어증 증후군을 개인별 증후군과 신고전주의적 접근법으로 나누어 설명하고 있다. 쉽게 말해서 전자는 실어증 환자 개개인이 보이는 증상이 다르다고 보는 입장인 반면, 후자는 실어증 환자가 보이는 주증상을 토대로 특정 유형으로 분류하는 접근법이다. 3장에서는 실어증의 원인과 손상 부위를 뇌의 구조와 관련하여 기술하고 있다. 4장에서는 정상인과 실어증 환자의 언어 산출과 언어 이해 정보처리과정을 심리언어학적 모델에 입각하여 설명하고 있다. 5장에서는 실어증의 진행과 결과를 여러 변인별로 살펴보고, 6장에서는 독일에서 빈번히 사용되고 있는 실어증 진단도구와 치료방법에 대하여 설명하고 있다.

텍스트에 언급되는 여러 학자들의 이름은 혹시 잘못 표기할 수도 있는 오류를 피하기 위하여 한글로 옮겨 적지 않고 원저대로 두었다. 또한 각 장마다 핵심내용들은 따로 묶어 돋보기 기호로 표시해 두었으며, 본문에 나오는 독일어 예는 역주를 통해 이해를 쉽게 하고자 하였다. 뿐만 아니라 실어증 환자들에게 나타나는 다양한 오류 유형을 이 책에서 처음으로 광범위하고 자세하게 열거하고 있다. 지금까지 다른 저서들에 소개되지 않았던 몇몇 용어들이 이 책에 처음 소개되고 있으므로 이런 용어들은 가능한 한 쉽게 풀어 설명하려고 노력하였다. 물론 이 번역서에 삽입된 예문들은 모두 한국 실어증 환자들이 산출한 것으로, 역자들이 임상에서 실어증 환자를 진단하고 치료하면서 얻은 자료를 토대로 각 오류 유형에 맞게 분류하였다. 책에서 제시한 예 중 적합하지 않거나 부적절한 경우를 발견하여 역자들에게 알려 주는 독자들이 계시다면 진심으로 감사를 드릴 일이다. 3장에 번역된 해부학 용어들은 대한해부학회에서 개정하여 사용하는 '새 용어' 를 참조하였다. 새 용어는 과거의 한자표기를 우리말로 풀어쓴 형태로 이 용어들이 아직 낯선 면이 있으나, 의학계에서 공식용어로 사용되는 만큼 언어병리학에서도 수용해야 할 것으로 판단되어 '새 용어' 로 번역하였다.

이 책을 번역할 수 있게 허락해 주신 저자 Jürgen Tesak 선생님과 Thieme 출판사에 감사를 드린다. 처음에 이 번역 작업이 순조롭게 이루어질 수 있도록 도와주신 안선영 님 그리고 마지막 마무리를 해 주신 서보경 님에게도 이 자리를 빌려 감사의 마음을 전한다. 또한 무엇보다도 번역을 마칠 때까지 긴 시간 기다려 주시고, 이 책을 출판할 수 있게 허락해 주신 학지사 김진환 사장님과 더 좋은 책이 되도록 정성을 다해 주신 편집부 정혜재 님 외 여러 관계자들에게 진심으로 감사를 드린다. 또한 이 책의 초고를 읽고 수정 작업을 도와준 충남대학교 대학원 언어병리학과 신미경, 이경남, 이은정, 이은주, 전소연, 한경진 선생에게 고마움을 전한다.

아무쪼록 역자들은 이 번역서가 실어증을 공부하는 학생들이나 실어증 환자를 치료하고 있는 임상가들에게 실어증 환자를 이해하는 데 조금이나마 도움이 되었으면 하는 바람을 가지고 있다.

2007년 7월

역자 일동

개정판에 붙여

기쁘게도 저자의 『실어증의 이해』의 개정판에 대한 요구가 많았다. 초판의 핵심 부분은 기초지식으로 이 개정판에서도 유지되었으며, 따라서 이 개정판에서는 이론을 최신화하는 작업을 하였다. 이 책의 원래 기획은 언어적 증상과 심리언어학적 모델 형성의 관점에서 실어증에 대한 개론적 입문을 제공하는 것이었으며, 독자층은 교육 중에 있는 언어치료사 혹은 언어치료를 공부하는 학생이었다. 이 점은 개정판에서도 마찬가지이다.

치료에 대한 부분은 저자의 책 『실어증 치료의 기초(Grundlagen der Aphasietherapie)』에서 자세히 다루고 있다. 또한 역사적 관점도 저자의 다른 책 『실어증의 역사(Geschichte der Aphasie)』에서 다루고 있다. 따라서 본 『실어증의 이해』는 이 부분에 대해 보충적으로만 소개한다. 실어증에 대한 의학적 관점은 Kessler et al.(2003)이 좋은 길잡이가 될 것이다.

이 책은 복합적인 주제에 대한 입문일 수 있다. 따라서 각 장의 마지막 부분에 길라잡이를 두어 정리하였다. 길라잡이는 저자의 개인적인 주석과 다뤄진 주제의 특정 관점에 대한 조망을 포함하고 있다.

바쁜 가운데서도 이 책의 출판을 위해 많은 도움을 준 Schimmer 부인과 Schneider 박사 그리고 Thieme 출판사의 Urbanowicz 박사에게 감사드린다.

Idstein, 2005년 6월

Jürgen Tesak

초판에 붙여

이 책은 관심 있는 독자에게 전공에 대한 복잡함과 문제점을 고려하여 실어증에 대한 기본적인 관점에 대해 소개하고자 노력하였다.

이 책은 실어증의 언어학적 증상에 대한 소개와 심리언어학적 모델 소개에 초점을 두고 있다. 본 개론서의 한정된 범위로 인해서 실어증 연구의 역사, 실험적 실어증 연구 그리고 실어증 치료와 같은 실어증의 세 가지 주요 측면은 거의 언급되지 않았거나 간단히 다루었다.

출판 기술상의 문제로 참고문헌을 책의 뒷부분에 정리하였다. 각 장은 편집인과 저자와의 절충안에 따라서 분류되었다. 인명표시는 공간적인 이유로 남성과 여성의 형태를 각각 표시하지 않고 남성 형태로 일반화하였다.

이 책은 바젤 대학의 특수심리학 연구소(Institut für Spezielle Psychologie der Universität Basel)에서 있었던 '신경언어학' 강의와 크라이샤에 있는 바바리아 병원의 언어치료사 양성학교(Schule für Logopädie der Klinik Bavaria in Kreischa)에서 있었던 '실어증 개론' 강의에 기초를 두고 있다. 본 책의 초안은 Thomas Benke(Innsbruck), Claudia Born(Basel), Jürgen Dittmann(Freiburg), Frank Ostermann(Kreischa), Frank Regenbrecht(Kreischa), Luise Springer(Aachen) 그리고 Ina Wiezorek (Kreischa)이 읽고 내용에 대한 검토를 해 주었다. 많은 격려와 도움을 주신 이 분들께 진심으로 감사를 드린다. FORUM LOGOPÄDIE의 편집인인 Springer 여사와 Schrey-Dern 여사 그리고 Thieme 출판사의

Urbanowicz 씨가 본 프로젝트를 진행하는 과정에서 처음부터 많은 도움을 주었다. 이 책을 나의 아내 Gerhild에게 바친다.

Dresden, 1997년 7월

Jürgen Tesak

차 례

역자 서문 ◆ 3
개정판에 붙여 ◆ 7
초판에 붙여 ◆ 8

제1장 ▶ 정의와 분류 ---- 21

1.1. 실어증의 정의 ---- 23

1.2. 분류 ---- 31

1.2.1. 병인 ---- 31

1.2.2. 손상 부위 ---- 32

1.2.3. 말의 유창성 ---- 32

1.2.4. 주장애 ---- 33

1.2.5. 동반 장애 ---- 33

1.2.6. 증상군 ---- 33

1.3. 길라잡이 ---- 34

제2장 ▶ 증상과 증후군 ---- 35

2.1. 실어증 증상 ---- 37

2.1.1. 자발화(스스로 말하기) ---- 38

(1) 음운론 ---- 38

(2) 낱말 층위 ········ 44
(3) 문장 층위 ········ 51
(4) 텍스트 층위 ········ 58
(5) 유창성과 말의 흐름 ········ 58
(6) 초분절 음운론 ········ 61
(7) 반복현상 ········ 62
2.1.2. 이해 ········ 64
2.1.3. 화용론과 의사소통 ········ 67
2.1.4. 문어 ········ 69
(1) 쓰기 ········ 70
(2) 철자 읽기 ········ 72
(3) 읽기 ········ 72
(4) 낭독하기 ········ 73
(5) 읽고 이해하기 ········ 74
2.1.5. 기타 증상 ········ 75
2.2. 실어증 증후군 ········ 75
2.2.1. 개인별 증후군 ········ 76
2.2.2. 신고전주의 관점 ········ 77
(1) 보스턴 학파의 진단도식 ········ 77
(2) 아헨 학파의 분류도식 ········ 78
2.2.3. 신고전주의적 증후군 관점에 대한 논쟁 ········ 82

2.3. 길라잡이 86

제3장 ▶ 실어증의 원인과 손상 부위 87

3.1. 뇌의 구성과 기능 89

3.1.1. 구성 89

3.1.2. 뇌 부위와 해당 기능 92

3.2. 실어증의 원인 95

3.3. 증후군과 손상 부위 96

3.4. 신고전주의 관점의 문제점 99

3.5. 뇌에서의 언어정보처리 103

3.6. 길라잡이 105

제4장 ▶ 정상적인 언어정보처리와 실어증 환자의 언어정보처리 107

4.1. 심리언어학적 모델 110

4.1.1. 연속 모델 110

4.1.2. 상호작용 모델 112

4.1.3. 혼합 형태 ······ 114
4.1.4. 문맥효과 ······ 115
4.1.5. 심리언어학적 모델의 강점과 약점 ······ 116
4.2. 개별 낱말의 처리 ······ 117
4.2.1. 로고젠 모델 ······ 118
(1) 낱말과 비낱말의 이해 ······ 120
(2) 낱말 산출 ······ 121
(3) 읽기 ······ 122
(4) 쓰기 ······ 124
4.2.2. 실어증 환자의 개별 낱말 처리 ······ 126
(1) 낭독하기 ······ 128
(2) 쓰기 ······ 131
4.2.3. 로고젠 모델의 한계와 확장 ······ 132
(1) 형태론 ······ 133
(2) 낱말인식 ······ 134
(3) 음운적 부호화 ······ 135
4.3. 문장과 발화의 산출 ······ 137
4.3.1. Garrett의 문장산출 모델 ······ 137
4.3.2. Levelt의 발화산출 모델 ······ 141
4.3.3. 실어증 환자의 문장산출과 발화산출 ······ 144
4.4. 언어 이해 ······ 147

4.4.1. Friederici의 모델 …… 151
4.4.2. Levelt의 모델 …… 152
4.4.3. 실어증 환자의 언어 이해 …… 154
4.5. 길라잡이 …… 158

제5장 ▶ 병의 진행과 결과 —— 161
5.1. 실어증의 진행과정과 예후 …… 163
5.1.1. 진행과정 …… 163
5.1.2. 예후 …… 165
5.2. 실어증의 결과 …… 167
5.2.1. 우울증 …… 168
5.2.2. 사회적 환경 …… 170
5.3. 길라잡이 …… 171

제6장 ▶ 진단과 치료 —— 173
6.1. 실어증 진단 …… 175
6.1.1. 증상 중심의 검사 절차 …… 177
(1) 가장 많이 사용되는 세 검사도구의 비교 …… 179

6.1.2. 의사소통 중심의 진단 ······ 182

6.2. 실어증 치료 ······ 184

6.2.1. 치료단계 ······ 185

6.2.2. 효과 ······ 186

6.2.3. 치료방법 ······ 187

6.2.4. 실어증 치료의 접근법 ······ 189

6.3. 길라잡이 ······ 192

참고문헌 ◆ 195

찾아보기 ◆ 219

표 차례

〈표 2-1〉 음소 착어증 41
〈표 2-2〉 실어증 환자에 유지되는 음절형식 43
〈표 2-3〉 언어 착어증 46
〈표 2-4〉 단순화 및 형태 착어증 49
〈표 2-5〉 신조어 50
〈표 2-6〉 실문법증 52
〈표 2-7〉 착문법증 54
〈표 2-8〉 자곤 55
〈표 2-9〉 비명제어 57
〈표 2-10〉 접근하는 행동과 편향하는 행동 59
〈표 2-11〉 자동구어 63
〈표 2-12〉 신문자와 착서증 71
〈표 2-13〉 신독증과 착독증 73

그림 차례

[그림 2-1] 음절구조의 기본 모델 42
[그림 2-2] 복합어의 음절구조 43
[그림 2-3] 보스턴 학파의 진단도식 78
[그림 3-1] 인간 대뇌의 엽과 틈새 90
[그림 3-2] 대뇌 좌반구 분류 91
[그림 3-3] 대뇌의 주요 신경섬유다발 91
[그림 3-4] 중간대뇌동맥의 혈액공급 영역 92
[그림 3-5] 대뇌반구의 특성화 93
[그림 3-6] 뇌 기능에 따른 부위 94
[그림 3-7] 신고전주의 학설의 증후군에 따른 위치 97
[그림 4-1] 언어 산출의 기본 모델 111
[그림 4-2] 네트워크 모델의 단면 113

[그림 4-3] 언어 산출에서의 병렬적 처리 114
[그림 4-4] 로고젠 기본 모델 118
[그림 4-5] 로고젠 모델 119
[그림 4-6] 어휘부에서의 형태론 133
[그림 4-7] 동시집단 모델 134
[그림 4-8] 음운적 부호화 136
[그림 4-9] Garrett에 따른 문장산출 모델 개관 138
[그림 4-10] Garrett에 따른 문장산출 모델의 부분 139
[그림 4-11] Garrett에 따른 문장산출 모델의 부분 140
[그림 4-12] Levelt에 따른 발화산출 모델 142
[그림 4-13] 병렬 인터페이스 모델 151
[그림 4-14] 언어이해 모델 153

제1장

정의와 분류

Aphasie wird auf verschiedene Weise definiert. Wenn wir ein halbes Dutzend Experten nach ihrer Meinung fragen würden, erhielten wir wahrscheinlich ein halbes Dutzend Definitionen. So scheint eine allgemein gültige Definition der Aphasie ein Ding der Unmöglichkeit zu sein.

실어증은 여러 가지 방식으로 정의된다. 우리가 전문가들에게 그들의 견해를 물어보면, 십중팔구 물어본 수만큼의 상이한 정의를 듣게 될 것이다. 그래서 일반적으로 통용되는 실어증을 정의하는 것은 어쩌면 불가능한 일일지도 모른다.

Brookshire, 1983:19

제1장 정의와 분류

정의는 대상 영역을 제한하고, 유사하지만 그래도 상이한 영역을 구별하는 데 사용된다. '실어증'은 구체적인 예를 통해서 정의되어야 하며, 다른 장애와는 구분되어야 한다. 실어증 분류에 대한 상이한 체계를 간략히 살펴보고자 한다.

1.1. 실어증의 정의

실어증(Aphasia)이란 그리스어 ἀφασία에서 온 낱말로 문자적인 뜻에 따르면 '언어상실'을 의미한다. 이 용어는 1864년 프랑스 신경과 의사인 Armand Trousseau가 뇌 손상 후에 생긴 언어장애를 설명하기 위하여 도입한 것이다. 이 용어가 도입된 이후로 'aphemia(브로카 실어증의 동의어로 사용된 고어)', 'alalia(발어 불능증)' 혹은 'verbal amnesia(언어 건망증)'와 같은 용어들은 더 이상 쓰이지 않게 되었다(Ryalls, 1984; Henderson, 1990; Herrmann, 1990; Tesak, 2005a). 그 이후로 실어증을 정의하려는 많은 시도가 있어 왔다(Rosenbek et al., 1989:34-54).

일반적으로 다음 두 가지 규정이 널리 사용되고 있다(Benson & Ardila, 1996:3).

- 실어증의 원인은 뇌 손상이다.
- 실어증 환자의 언어능력은 저하되어 있다.

위에 제시한 것 이외에도 독일어권에서 널리 사용되고 있는 실어증에 관한 가정 내지 정의적 특징들로는 다음과 같은 것들이 있다.

- 실어증은 대뇌 좌반구에 갑자기 발생한 국부적인 겉질(cortical) 손상의 결과이다.
- 실어증은 지능과 기억은 상대적으로 양호한데 언어능력이 손상된 것이다.
- 실어증은 언어 습득이 완전히 이루어진 이후에 생긴 것이다.
- 실어증은 모든 언어 양상과 영역의 장애이다.
- 실어증은 다소 안정적이고 만성적이다.

위에 열거한 정의들은 실어증을 의미 있게 제한하고 다른 장애들과 구분한다. 그렇지만 열거된 다섯 가지 정의가 절대적으로 논의의 여지가 없는 것은 아니다. 요즘은 고전주의적 실어증 개념이 다소 확대되는 추세이다.

다음에서는 이러한 정의의 목적을 간략히 열거하고, 감별 진단과의 관련성을 살펴볼 것이며, 동시에 상술된 정의적 규정과의 관련 속에서 논의되어야 할 문제점에 대해 지적해 보고자 한다.

실어증은 뇌 손상에 기인한다. 이것은 정상인이 보이는 언어능력의 문제(예를 들면, 피로 시 나타나는 말 오류, 스트레스 받을 때 나타나는 표현의 어려움 혹은 말을 하는 것에 두려움을 보이는 것 등)로부터 실어증 환자가 보이는 언어능력의 문제를 구분하고 있다.

실어증의 원인이 뇌졸중과 같이 갑자기 나타나는 것이라고 보는 가설에 따르면, 알츠하이머성 치매와 같은 뇌의 퇴행성 질환이 설사 언어장애, 다시 말해 실어증 증상을 보일지라도 실어증의 원인에서 제외되어야 한다. Kessler et al.(2003:27f)은 이미 '이마-관자엽성 퇴행에서 나타나는 실어증'을 기술하였으며, 여기에는 이마-관자엽성 치매, 진행성 비유창성 실어증 및 의미적 치매들도 포함된다.

퇴행성 뇌질환으로 발생하는 언어장애가 실어증인지 혹은 아닌지에 대한 논쟁이 중요한 것은 아니다(Au et al., 1989:417). 퇴행성 뇌질환에서도 실어증 증상이 나타나는 것은 사실이기 때문에 어떤 의미에서 이 질문은 순전히 정의에 관한 것이다.

일반적으로 이런 인식은 현재 신경학적 병인으로 생긴 언어장애를 평가하는 검사도구에서도 반영된다(예를 들면, 실어증 체크 리스트 Aphasie Check Liste, 2002). 물론 치매의 경우 언어장애는 종종 **인지장애**, **기억장애**와 더불어 나타난다. 실어증 환자의 경우에는 일반적으로 사회적 행동이 정상적으로 이루어지나, 치매 환자의 경우 손상을 보이는 경향이 있다.

그래서 우리는 실어증 개념을 뇌 손상의 유형과는 완전히 별개로도 사용할 수 있다(Caplan, 1992). 예를 들면, 외상, 치매 혹은 뇌혈관에 기인한 실어증과 같은 개념들도 얼마든지 사용될 수 있다.

정신병 환자들에게 보이는 언어장애 또한 실어증 환자들의 언어장애와는 구분된다. 정신병자 혹은 정신분열증 환자의 언어는 종종 작화증(confabulation)으로 특징지어진다(Peuser, 1987). 형태-통사론적 변이가 존재하는지에 대해선 논의의 여지가 있다(Dittmann et al., 1989). 위 두 그룹은 행동장애로 표현되는데, 이런 장애는 실어증 환자들에게서는 발견되지 않는다.

만약 우리가 실어증의 원인을 생물학적 견지에서 고찰한다면, 겉질밑(subcortical) 손상도 언어장애를 초래하기 때문에(Crosson, 1992 참조) 실어증을 순전히 겉질 손상으로 국한하는 것은 문제가 있다. 그래서 어떤 학자들은 겉질 실어증과 겉질밑 실어증으로 구분한다(Helm-Estabrooks & Albert, 1991:35).

일반적으로 **좌반구**에 국한하는 것은 우반구 손상으로 생긴 언어장애와 구분하기 위해서다. 실제로 **우반구 손상 환자가 보이는 언어능력 저하와** 좌반구 손상을 보이는 실어증 환자의 언어능력 저하를 구분하는 것은 쉬운 일이 아니다(Joanette & Goulet, 1994). 우반구 손상 환자의 경우—만약 언어장애가 있다면—오히려 화용론적 측면에서 언어 행동상의 문제나, 텍스트 층위에서 거시구조(macrostructure)의 구성 시에 문제를 보인다. 통사론, 음운론, 의미론과 같은 핵심적인 언어학적 층위는 덜 손상되어 있다(개요는 Myers, 1997을 참조). 우반구 손상 환자에 빈번히 동반되는 장애는 특이한 유머, 불안정한 감정, 병식결여증(anosognosia), 공간구성장애이다.

더군다나 어떤 사람들은 좌반구뿐만 아니라 **우반구** 또한 언어중추 기능을 맡고 있는 것으로 보고된다. 이런 연유로 좌반구 손상과 실어증이라는 밀접한 관계, 다시 말해 좌반구 손상이 실어증을 초래한다고 보는 입장은 완전히 지지될 수 없다.

많은 사람들을 대변하여 Wallesch(1993:14)는 실어증에 대해 "이 장애는 언어학적 처리과정에 문제를 일으킨다. 보다 고기능적 뇌의 능력들은 언어정보처리에 종속되어 있지 않는 한 정상이다."라고 기술하고 있다.

실어증이 일차적으로 혹은 단지 '언어체계의 상이한 구성 성분 내에서의 장애' (Huber et al., 1989:89), 다시 말해 '언어정보처리의 문제' 에 관한 것인지 혹은 (또한) '언어의 기저에 깔려 있는 기억이나 사고와 같은 인지처리과정' 에 관한 문제(Chapey, 1994c)인지는 아직 명확하지 않다. Caplan(1992:16)은 두 가지 모두 가능한 것으로 간주하여 **일차적 실어증과 이차적 실어증**으로 구별한다. 전자는 언어처리과정이 직접적으로 손상된 경우이고, 후자는 인지장애, 기억장애 그리고/혹은 주의력장애가 언어능력 저하를 초래한 경우이다.

의학적인 실어증 연구의 신고전주의적 입장에서 실어증은 "도구적 언어 장애로 이해된다(Huber et al., 1983:7)." **도구로서의 언어에 장애**를 보인다고 생각하는 배경에는 **의사소통장애**라는 관점이 깔려 있다. 무엇보다도 치료적 혹은 기능적 관점에서 실어증은 순전히 언어적 관점을 무시한 상황에서 종종 일차적으로 의사소통장애로 개념화된다(Carlomagno, 1994). **국제기능장애건강분류**(International Classification of Functioning, Disability, and Health: ICF, Rentsch & Bucher, 2005)에서도 언어 도구적 관점은 그 의미를 상실하고 의사소통과 환자 중심의 보다 더 포괄적인 견해들이 보완되었다.[1)]

계속되는 질문은 실제로 실어증에서의 문제가 전적으로 언어장애에만 국한된 문제인가 하는 것이다. 19세기 이래로 실어증 환자의 언어장애에는 **상징처리**라는 보다 일반적인 문제가 존재한다는 견해가 매번 대두되고 있다.

Brookshire(1983:19)는 예를 들어 다음과 같은 정의로 토론거리를 제공한다. 즉, "실어증은 상징자료를 처리하는 능력의 장애"라는 것이다. 실어증이 상징과 기호를 사용하고 이해하는 능력의 장애라는 이러한 견해(aphasia=asymbolia)는 Schindler(1996:258)의 정의와도 동떨어지지 않는

1) 세계보건기구에서는 1980년 국제장애분류(International Classification of Impairments, Disabilities, and Handicaps: ICIDH)를 발표하면서 장애에 관한 개념적 틀을 정립하고, 이 분류법에 따라 장애를 분류할 것을 권장하였다. 1997년에 ICIDH를 수정 보완한 ICIDH-2를 발표하였는데, '능력장애(disabilities)' 를 '활동(activities)' 으로, '사회적 불리(handicaps)' 를 '참여(participations)' 로 개념을 수정하여 기본적으로 환경과 개인이라는 상황적 요인을 포함한 장애 개념을 발전시켰다. 2001년에 재차 ICIDH의 개정판에 해당하는 ICF가 발표되면서 건강 혹은 건강 관련 영역에서 한 개인이 처해 있는 상황을 고려하여 환경적, 개인적 측면에서 장애를 분류하였는데, 우리나라에서는 2002년 ICF 한국어판 번역이 이루어졌으며, ICF의 적용 및 활용 방안이 현재 논의되고 있다.

다. 즉, "실어증은 표현적이든 감각적이든 각각의 의사소통 경로에서 임의적인 어려움의 정도에 따른 그때그때의 임무를 위해 부호화 혹은/그리고 부호해석을 하는 뇌구조의 조직적 손상 결과로 생긴 하나나 더 많은 언어학적 혹은 비언어학적 능력, 즉 이미 형성된 의사소통능력의 부분적 상실 혹은 완전 상실"이다. 실어증을 상징과 기호처리능력의 장애(asymbolia)로 정의하는 것은 통상적이 아니라는 의견에는 세계적으로 일치를 보이고 있다. 그럼에도 특히 복잡한 손상을 보이는 환자들의 경우 장애 정도가 심한 실어증의 범위 내에서 언어와 상징 영역을 함께 살펴보는 것은 의의가 있다.

실어증은 언어 습득이 끝난 성인에게만 해당되는 것은 아니다. 예를 들면, 아동들에게도 사고로 인해 갑자기 발생하는 후천적 실어증이 나타날 수 있다(Aram, 1989 참조). 이와 같은 경우는 **아동 실어증**이라 부른다. 이것은 나타나는 "증상, 진행과정 및 병리학적 발생 조건들에 있어 성인 실어증과는 명백히 구별된다(Poeck, 1994:133)."

언제 정상적인 언어 습득이 완료되는지에 대한 견해의 차이가 (아동) 실어증의 정의에 영향을 미친다. 일차적인 언어 습득의 마지막 단계를 학교에 입학하는 연령으로 간주한다면, 기술적으로 보았을 때 여섯 살부터 실어증, 즉 아동 실어증이 나타날 수 있다. 그러나 사춘기를 결정적 시점으로 본다면, 아동 실어증이란 용어는 사춘기 연령에까지 사용될 수 있다. 이 책에서 실어증이란 용어는 단지 성인에게만 적용하기로 한다.

실어증은 언어장애이지 말장애가 아니다.

신경말장애는 **마비말장애**(dysarthria; Schubert, 2004 참조) 혹은 말실행증(apraxia of speech)으로 불린다. 이는 문어와 이해하기를 통한 감별 진단으로 실어증과 구별될 수 있다. 마비말장애 환자들은 읽고, 쓰고, 이해할 수 있다. 그리고 일차적인 음운론적, 형태-통사론적 혹은 의미론적 문제점들을 지니고 있지는 않다. 말소리 측면에서 실어증 환자는 일관성 없는 오류를 보이는 반면, 마비말장애 환자는 항상 유사한 오류를 보인다. 마비말장애 환자의 경우 발성과 호흡의 문제 또한 나타난다.

순수 **말실행증**의 경우 이해능력은 일반적으로 정상이다. 말소리에 나타난 오류들은 대체로 일관성이 없고, 의도적으로 말을 할 경우 해당 말소리를 찾는 행위가 빈번히 나타나는 특징이 있다. 마비말장애와 말실행증은 종종 실어증과 함께 나타난다. 그 결과 실어증과 비실어증의 구별을 어렵게 만든다. 그 배경에는 다음과 같은 **정의적 가정**이 숨어 있다.

실어증 환자들은 일반적으로 모든 네 가지 언어양상(언어 표현, 언어 이해, 쓰기, 읽기)과 모든 언어학적 층위(음운론, 형태론, 통사론, 의미론)에서 손상을 보인다.

실어증의 경우 네 가지 양상이 모두 손상되어 있는지(초양상적 supramodal), 아니면 그중의 다수가 손상되어 있는지(다중양상적 multimodal) 혹은 개별적으로 손상되어 있는지(단일양상적 unimodal)와 같은 질문에 대한 대답은 명확하지 않다. 아헨 실어증 검사(Aachener Aphasie Test)의 기저에 깔려 있는 것처럼, 신고전주의적 학파와 같이 심지어 한 그룹 내에서도 상이한 표현이 존재한다. Poeck(1981:108)은 '실어증의 언어학적 증상은 초양상적' 이므로 모든 양상 내에서 비교가 가능하고 유사하다고 기술하고 있다. Huber et al.(1983:7)에 따르면, 초양상은 다중양상의 형성 내지는 다중양상으로 될 가능성으로 축소된다고 보며, 그래서 "실어증은 항상 다중양상적 내지는 초양상적이다."라고 본다. 좀 더 진행된 표현은 Huber et al.(1989:89)에서 발견되는데, 그들은 역시 "실어증 장애는 항상 다중양상적 그리고/혹은 초양상적으로 나타난다."라고 기술한다.

이에 **실서증**(신경쓰기장애) 혹은 **실독증**(신경읽기장애)처럼 실어증이 **단일양상적 현상**인가 아닌가라는 질문이 제기된다. Geschwind와 Goodglass를 중심으로 한 보스턴 학파는 예를 들면, "실어증에서는 언어의 상이한 구성성분이 선별적으로 손상될 수 있다."라고 가정한다(Goodglass & Kaplan, 1983:2). 이로써 단일양상의 실어증 내지는 양상 중심의 실어증이라는 개념이 기술될 수 있다.

개인별 증후군(Steiner, 2001; Tesak, 2003)이란 개념에는 실어증 환자 개개인이 네 가지 양상에서 전형적으로 묘사되는 개인별 언어 수행 프로필을 가지고 있다는 가정이 포함되어 있다. 언어장애의 심한 정도는 각각의 양상과 개개의 언어 영역에서 뚜렷이 나타날 수 있다.

후자의 가정은 만성기 실어증 증상의 **현상**이 상대적으로 **안정적**임을 의미한다. 변화가 나타난다면, 오히려 천천히 그리고 언어수행능력이 향상되는 방향으로 일어난다. 이 가정은 퇴행성 뇌질환이 원인으로 포함될 경우 원인 속에 증상의 악화가 내포되어 있으므로 문제가 있다. 그 때문에 이런 맥락에서 보다 분명한 구분을 위해 **진행성 실어증**이란 개념이 사용된다.

실어증은 급성기, 급성후기, 만성기 실어증으로 구분된다.

- **급성기** 실어증은 발병 이후 첫 3주에서 6주에 이르는 시기로, 이때 실어증 상태가 빠른 속도로 변화될 수 있다.
- **급성후기**의 상태는 급성기와 만성기 사이에 위치한 시기이다. 전형적으로 발병 후 4주에서 6개월에 이르는 시기를 급성후기라 한다.

• 그러고 난 이후에 만성기 상태에 접어든다. 아헨 실어증 검사에서 만성기 단계는 이미 6주부터 시작된다.

실어증의 통상적 정의에는 급성후기 그리고/혹은 만성기 실어증이 언급되고 있다. 이 책의 상당 부분 또한 이 두 단계의 실어증을 설명하고 있다.

1.2. 분류

실어증의 정의를 좀 더 정확하게 규정하고 실어증을 보다 폭넓게 분류할 필요성이 제기된다. 분류의 일반적 기준은 다음과 같다.

- 병인
- 손상 부위
- 자발화의 자질
- 주장애
- 동반장애
- 증상군

이 모든 분류 기준은 어떤 형태로든 사용되고 있다.

1.2.1. 병인

실어증의 결정적 자질로 병인을 든다면 뇌혈관, 치매 혹은 외상 등에 의해 야기된 실어증을 이야기할 수 있다. 이 분류법은 병인에 의해 어떤 연관성이 도출되고 실어증 환자들이 실제로 상이한 원인을 보이기 때문에 의의가 있다. 또한 실어증이 개인별 증후군에 명백히 표현된다는 것을 가정할 경우에도 이 분류법은 사용될 수 있다.

1.2.2. 손상 부위

전반구 실어증과 후반구 실어증으로 구별하는 분류법이 (특히, 영미권에서) 널리 사용되고 있다.

- 전반구 실어증의 경우 (좌반구) 손상이 롤란드 틈새 앞 영역이다.
- 후반구 실어증은 롤란드 틈새 뒤 영역에 손상을 보이는 경우이다.

Benson & Ardila(1996)는 실비우스 틈새 주위(perisylvian) 실어증과 실비우스 틈새 바깥(extrasylvian) 실어증으로 구별한다. 전자는 실비우스 틈새 주변 영역(3장, [그림 3-1], [그림 3-2])이 손상된 경우이고, 후자는 그렇지 않다.

손상을 토대로 분류하는 방법은 손상 부위가 야기된 실어증 증상에 대해 무엇인가를 진술한다고 보는 입장이다. 아헨 실어증 검사도구에 사용된 용어들 또한 이 방법에 따른 분류법에 기인하고 있다(예를 들면, 초피질 실어증 transcortical aphasia).

1.2.3. 말의 유창성

실어증을 유창성 실어증과 비유창성 실어증으로 나누는 분류법은 Wernicke(1874)에서 유래된다(Benson & Ardila, 1996:89-92).

- 비유창성 실어증 환자들은 천천히 말을 하고, 발화 시 더듬는 현상이 나타나며, 말하는 도중에 휴지(pause)가 자주 발견된다.
- 유창성 실어증 환자는 정상적인 (혹은 지나치게 빠른) 속도로 말을 한다.

1.2.4. 주장애

지배적인 장애의 핵심이 무엇인가(표현언어 내지 수용언어)에 따라 표현 실어증 대 수용 실어증으로 분류되는데, 이 또한 Wernicke에서 유래된 분류법이다.

1.2.5. 동반장애

실어증은 다양한 형태를 나타내는데, 이는 실어증이라는 근본적 장애 외에 인지적, 운동적 혹은 다른 장애들이 추가로 나타나는 것으로 설명될 수 있다. 따라서 Schuell(1972)은 특히 시각적 장애를 동반한 실어증과 감각-운동적 장애를 동반한 실어증으로 구분한다.

1.2.6. 증상군

특정한 증상들의 결합이 소위 **실어증 증후군**(syndrome)을 형성한다는 가설이 널리 유포되어 있다. 증후군이란 명칭은 자의적(예를 들면, 브로카 실어증, 베르니케 실어증)이며, 역사적 관점에서만 이해될 수 있다(Tesak, 2005a).

실어증 환자 개개인이 상이한 언어양상과 상이한 영역에서 증상을 보이긴 하지만, 이것이 결과적으로 개인별 증상 형태가 된다는 점이 **개인별 증후군**의 기초가 된다(Tesak, 2003).

위에 언급한 내용들은 자주 동반되어 나타나고 그 결과 복잡한 분류체계가 생긴다. 소위 증후군(syndrome)에 따른 분류는, 비록 새로운 인식과 고찰 방법이 증후군으로 실어증을 분류하는 것에 대해 문제를 제기함에도 불구하고 오랫동안 적합한 것으로 인정되었다.

1.3. 길라잡이

실어증의 정의와 분류는 항상 이론에 종속되어 있으며, 신고전주의 입장에서 주장하는 것처럼 저절로 성립된 것은 아니다.

상이한 실어증 정의의 기원과 신고전주의적 견해의 유래에 대해 알고 싶은 독자들은 Tesak(2005a)을 참조하기 바란다. Kessler et al.(2003:37-42)은 역사적 발전에 대해 아주 간단히 설명하고 있다. 또한 Kessler et al.(2003:11)은 몇 가지 실어증의 정의를 원래의 텍스트를 인용하여 보기 좋게 목록으로 만들어 보여 주고 있다.

요즘 실어증이란 개념은 일반적으로 신경언어장애란 입장에서 확대된 것으로 보이며, 그 결과 치매 환자들에게서 나타나는 실어증 증상은 제외되어 있다.

실어증 장애의 병인에 대해 아직도 전혀 이해를 하지 못한 상태이기 때문에 필자는 이를 올바른 발전으로 본다. 이로써 개인별 증후군이란 개념은 어떤 형태의 병인적 가정도 포함하고 있지 않기 때문에 적합하게 사용되는 셈이다.

제2장

증상과 증후군

The (aphasic) symptoms may or may not be present in all cases. Symptoms that are present may be striking or subtle.

(실어증) 증상은 모든 사례에서 나타날 수 있거나, 그렇지 않을 수도 있다. 나타나는 증상은 명확할 수도 있고 혹은 명확하지 않을 수도 있다.

Hegde, 1994:88

제2장 증상과 증후군

실어증의 언어 형태는 다양한 증상들로 특징지어지며, 이 증상들은 모든 언어학적 층위와 양식 그리고/혹은 따라 말하기와 같은 특정 언어과제 수행에서 나타난다.

실어증 증상은 독립적으로 나타나는 것이 아니라 **다른 증상들과의 연계** 속에서 복합적으로 나타나는 것이 일반적이다. 19세기부터 이어지는 고전적인 실어증 연구는 소위 실어증 증후군을 이루는 특정 증상군이 유사한 형태로 반복해서 나타난다고 주장하고 있다. 브로카 실어증과 같은 예가 이에 해당된다. 물론 **개인별 증후군**(individual syndrome) 개념이 보다 적합하다고 할 수 있다(Steiner, 2001; Tesak, 2003).

> 실어증 증상은 결코 (혹은 거의) 독립적으로 나타나지 않으며, 개인에 따라 복합적인 다른 형태로 나타난다.

2.1. 실어증 증상

실어증 증상에서 특히 주목되는 점은 소위 **자발화**이다. 자발화는 일차적으로 대화나 인터뷰 상황에서 스스로 선택한 특정 내용을 자유롭게 말하는 것을 의미한다. 또한 주어진 텍스트를 재현하거나 그림 이야기를 설명하는 것도 자발화라고 할 수 있다.

다음에서는 실어증 환자들이 산출한 자발화 문제를 음운론, 낱말 층위(의미론과 형태론), 문장 층위(통사론), 텍스트 층위 및 유창성으로 나누어 살펴보고, 소위 반복현상에 대해서도 설명하고자 한다.

실어증은 자발화 이외에 구어의 이해와 문어적 능력(쓰기, 읽기, 철자)에서도 장애를 보인다. 언어학적 측면에서의 언어적 제약이 실어증 환자의 의사소통에 문제를 불러일으킬 수 있으나, 일반적인 의사소통능력과 화용론적 능력은 비교적 양호한 편이다.

순수한 실어증 증상, 즉 언어증상 외에 언어능력에 부정적 영향을 미칠 수 있는 다른 증상들, 예를 들면 조음장애, 시각장애, 주의력장애 등이 실어증 환자에게 종종 나타나고 있으나, 이 증상들은 실어증에서 기인한 것은 아니다.

2.1.1. 자발화(스스로 말하기)

다음에서는 실어증의 자발화를 언어학적 층위와 말의 흐름 그리고 반복현상에 비추어 살펴보고자 한다.

(1) 음운론

음운론은 한 언어의 말소리체계 내지는 음소체계, 음절구조규칙, 정확한 말소리의 배열 내지는 음소의 배열을 포함하는 분야이다.

초분절 음운론(suprasegmental phonology)은 운율과 억양 그리고 강세를 다루는 분야이며, 이 부분에 대해서는 차후에 자세히 소개할 것이다.

분절 음운론(segmental phonology)의 단위는 음소(phoneme)이다.

음소는 한 언어에서 의미를 구분하는 최소 단위이다.

음운론적 단위는 일반적으로 /k/와 같이 사선으로 표기된다. 음소는 추상적인 언어학적 단위이며, 음성학적 실현을 통해 구현된다. 음성학적 실현은 [k]와 같이 각괄호로 표기된다. 다음과 같이 두 가지 예를 들 수 있다.

- /kind/('아이')라는 낱말에서 음소 /d/는 독일어의 어말무성음화[1])로 인하여 [t]로 실현되어 [kɪnt]로 발음된다. 그러나 복수형 /kind+er/에서는 /d/가 [d]로 실현되므로 [kɪndər]로 발음된다.
- 다른 예로서 STEUER([ʃtɔyər], '세금')와 TEUER([t^hɔyər], '비싼') 경우의 음소 /t/의 실현을 들 수 있다. 첫 번째 경우 STEUER에서는 /t/가 [t]로 실현되지만, 후자의 경우 TEUER에서는 /t/가 [t^h]로 실현된다.

중증 실어증 환자는 몇 가지 음소(내지는 말소리)와 음절단위에 제한된 말소리를 산출할 수 있다. 그러나 많은 경우에는 음소체계에 전혀 이상이 없거나, 단지 부분적으로 손상을 보인다.

목표낱말이 정확하게 실현되지 않을 경우, 이를 **착어증**(paraphasia)이라고 한다. 말소리나 음절 수준에서의 변이를 **음운 혹은 음소 착어증**(phonological or phonemic paraphasia)이라고 한다.

1) 독일어에서 유성파열음(/b/, /d/, /g/)과 유성마찰음(/v/, /z/)이 어말에서 무성음([p, t, k, f, s])으로 실현되는 현상을 어말무성음화라고 한다.

과거에는 음운 혹은 음소 착어증 대신에 문자 착어증(literal paraphasia)이라는 개념을 사용하였다. 이 경우에는 말소리(즉, 조음 내지는 음성학)의 변이를 말하는 것이 아니라 실현될 음소의 선택과 연속성에 문제가 있다고 보는 것이다.

음소 착어증에는 전형적으로 **네 가지 음운변동**의 형태가 있으며, 이 음운변동은 각각 독립적으로 나타나거나 복합적으로 나타날 수도 있다.

- 첨가(addition)
- 대치(substitution)
- 삭제(elision)
- 치환(metathesis)

음소 착어증을 〈표 2-1〉에 (무작위로) 나열하였으며, 대부분의 예는 위의 네 가지 변동 형태의 복합적인 원인을 갖고 있다.

이와 같은 단순한 기술 외에도 이러한 현상은 보다 세밀하게 분석될 수 있다(Dressler, 1989). 분석에 있어서는 예를 들어, 문맥이 하나의 역할을 할 수 있다.

- 뒤에 나오는 말소리가 선행된다면 이를 **예기**(anticipatory)라고 한다(예 15).
- 앞서 발음된 말소리가 반복된다면 이를 **보속증**(perseveration)이라고 한다(예 11).
- 이웃한 말소리가 서로 영향을 미친다면(예 14) 이를 **동화**(assimilation)라고 하며, 이 경우에는 음성학적 관점 또한 하나의 역할을 할 수 있다.
- 경우에 따라서는 자음군에 모음이 삽입되어 새로운 음절이 생기는 경우도 있다(예 29).

〈표 2-1〉 음소 착어증

1. 로터리	→	/클로터리/	26. 비행기	→	/지행쥐/
2. 사과	→	/아자/	27. 국화	→	/국타/
3. 지붕	→	/지펴/	28. 신문	→	/시무/
4. 청진기	→	/정친기/	29. 달밤	→	/달이밤/
5. 만국기	→	/만둑기/	30. 송아지	→	/양아지/
6. 거울	→	/게우/	31. 야옹	→	/야관/
7. 달력	→	/달룩/	32. 문지기	→	/문우지/
8. 베란다	→	/테란다/	33. 담배	→	/운배/
9. 반딧불	→	/반디물/	34. 열쇠	→	/설세/
10. 세탁기	→	/세룩지/	35. 컵	→	/펌/
11. 바나나	→	/바바나/	36. 오렌지	→	/고련지/
12. 시소	→	/시어/	37. 고구마	→	/교규마/
13. 손	→	/소오/	38. 당근	→	/걍근/
14. 고속도로	→	/고속고로/	39. 천둥	→	/천딩/
15. 병따개	→	/병가개/	40. 텔레비전	→	/컬리비전/
16. 딸기	→	/딸지/	41. 부채	→	/보챠/
17. 사자	→	/다자/	42. 문어	→	/무녀/
18. 짝짜꿍	→	/짜꾸/	43. 전화기	→	/정햐기/
19. 땅콩	→	/따꼬/	44. 우유	→	/오요/
20. 사탕	→	/샤타/	45. 꽃병	→	/톷병/
21. 책상	→	/챗샤/	46. 지하철	→	/지아터/
22. 단추	→	/다쭈/	47. 화장실	→	/화젠타/
23. 싸움	→	/샤우/	48. 교통기관	→	/왠총고가/
24. 인형	→	/이머/	49. 개구리	→	/개부리/
25. 다리미	→	/다이지/	50. 도시락	→	/보사락/

목표발음과 대치발음 사이에 어느 정도 유사성이 있는 경우를 종종 볼 수가 있는데, 단지 조음위치(예, 경구개음 대신 치조음, /k/ → [t])나 조음방법(마찰음 대신 파열음, /s/ → [t])만 잘못 실현되는 경우를 그 예로 들 수 있다(예 17).

개개의 음소가 음운자질의 조합이라고 가정할 때, 산출되는 오조음(misarticulation) 중 다수는 단지 표층적으로만 완전한 조음대치를 보이고 있을 뿐이고, 사실은 몇 개의 음운자질이 대치되는 경우라고 말할 수 있다(Klein & Leininger, 1988).

특정 낱말자리에 해당 언어에 나타나지 않는 말소리의 연결체가 산출되는 경우, 이를 **음운 신조어**(phonological neologism)라고 한다.

이와 같이 본다면, 〈표 2-1〉에 있는 대부분의 음소 착어증은 동시에 음운 신조어에 속한다고 할 수 있다. 그러나 목표낱말을 재인할 수 없는 경우에 (음소) 신조어란 개념을 사용하고, [kom] '곰' 이 [om] '옴' 같이 실현되는 경우에만 음소 착어증이라고 말하는 것이 일반적이다. 목표낱말을 추정할 수 없는 형태는 **난해성 신조어**(abstruse neologism)라고도 한다(예 48).

한 **음절**[σ]은 두 개 혹은 세 개의 부분으로 이루어져 있다([그림 2-1]). 즉, **두음**(onset: O)과 **각운**(rhyme: R)으로 구성된다. 각운은 다시금 **핵음**(nucleus: N)과 **말음**(coda: C)으로 구성된다. 핵음은 모음(혹은 음절성 자음)으로 이루어져야만 하며, 핵음을 중심으로 자음으로 구성되는 두음이 좌측에 있고, 말음이 우측에 있다(Wiese, 1996:27-56). 다음절 낱말은 보다 복잡한 구조를 갖고 있으며([그림 2-2]), F는 운율단위인 음보(foot)를 나타낸다.[2)]

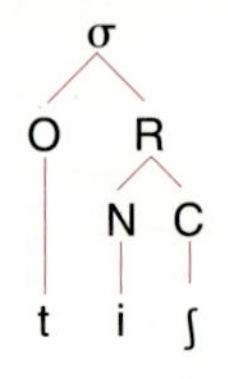

[그림 2-1] 음절구조의 기본 모델[3)]

2) 영어나 독일어에서는 강세 음절과 바로 뒤의 비강세 음절이 하나로 묶여 음보(foot)라 불리는 운율성분을 형성한다.

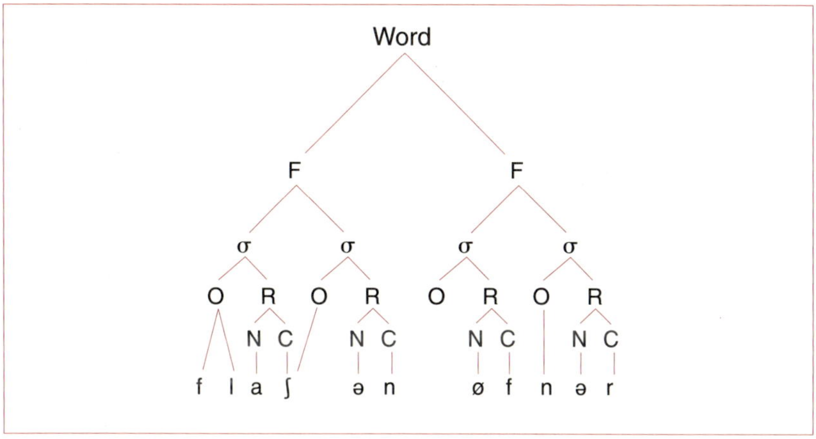

[그림 2-2] 복합어의 음절구조4)

음소 착어증과 신조어에서 말소리의 형태는 변하지만, 목표낱말의 음절 수와 음절구조는 유지되는 경우가 많다(〈표 2-2〉).

한 음절 내에서 말소리의 연결 가능성을 규정하고 제한하는 것을 음소배

〈표 2-2〉 실어증 환자에 유지되는 음절형식

바늘	→	/누갱/
불가사리	→	/갱가사라/
복숭아	→	/복사라/
축구골대	→	/병추굴대/
송아지	→	/양가치/
쓰레받기	→	/쓰나받기/
바느질	→	/담으질/

3) 한국어의 음절구조는 독일어와 다른 형태를 보이고 있다. 영어의 예를 들 수 있으나, [그림 2-2]의 복합어의 음절구조 형태와 일관성을 유지하기 위해 저자가 제시한 독일어의 예를 그대로 두었다. 제시된 예 Tisch는 '책상'을 뜻한다.

4) 각주 3에서 언급한 것과 같이 한국어와 독일어는 서로 다른 음절구조를 갖고 있다. 따라서 복합어의 음절구조 또한 저자가 제시한 독일어의 예를 그대로 두었다. Flaschenöffner '병따개'는 강세 음절과 비강세 음절로 구성된 Flaschen '병'과 Öffner '따개(opener)'의 복합어이다.

열규칙이라 하며, 이 음소배열규칙은 실어증 환자에게도 일반적으로 적용된다. 예를 들어, 초성과 종성에서의 /pç/와 같은 음소배열론적으로 불가능한 음소 연결은 실어증 환자에게서도 거의 나타나지 않는다(Peuser & Temp, 1981:259 참조).

이미 알려진 바와 같이 음운론적 문제를 마비말장애(조음과 음성학적 문제)와 말실행증에서 나타나는 문제와 구분하는 데에는 어려움이 있다.

> 마비말장애(dysarthria)는 조음 시 운동적 실행에 문제를 보이는 경우이다. 말실행증(apraxia of speech)은 조음기관의 자의적 조절과 프로그래밍에 문제가 있는 것이다.

(2) 낱말 층위

낱말은 다음과 같이 다양한 관점에서 관찰될 수 있다.

- 낱말은 의미론적 관점에서 연구될 수 있다.
- 낱말은 낱말부류에 따라서 분류될 수 있다.
- 낱말은 그 내부구조와 구성(음운론)의 관점에 따라 분류될 수 있다.

① 형식과 내용

낱말은 **형식적 측면**과 **내용적 측면**을 갖고 있다. 다시 말하면 특정 의미는 일정한 음소 연결체를 갖고 있다. 언어의 의미를 다루는 분야를 **의미론**이라고 한다.

실어증 환자는 형식적 측면뿐 아니라 내용적 측면에서도 문제를 보일 수 있다. 실어증 환자가 형식적 측면에 문제를 보일 경우 이를 **음운장애**(phonological disorders)라고 하며, 내용적 측면에 문제를 보일 경우 이를 **의미장애**(semantic disorders)라고 한다.

대부분의 실어증 환자는 **낱말찾기장애**(word-finding disorders)를 갖고 있다. 즉, 발화를 하기 위해서는 적절한 낱말을 사용해야 하지만, 실어증 환자는 적절한 낱말을 사용하지 못하거나, 시간적으로 매우 지연된 상태에서 말하거나, 혹은 낱말의 일부분만을 말하는 경우가 있다. 이 현상은 특히 이름대기 과제에서 두드러지게 나타나고 있으며, 따라서 이름대기 과제가 진단에 있어서 매우 중요한 위치를 차지하고 있다.

무반응 형태가 나타나는 것 이외에 음소 착어증이나 음운 신조어가 나타날 수 있다. 또한 **언어 착어증**(verbal paraphasia)이 나타날 수도 있다. 언어 착어증은 목표낱말 자리에 의도되지 않은 다른 낱말이 산출되는 것을 말한다. 〈표 2-3〉에 그 예가 제시되어 있다.

산출된 낱말이 목표낱말에 의미론적으로 근접한 경우를 **의미 착어증**(semantic paraphasia)이라고 한다. 목표낱말이 /그것/과 /그 일/ 같은 보편적 낱말로 대체되는 경우도 넓은 의미에서 의미 착어증에 속한다.

대치하는 낱말이 목표낱말에 아무런 의미적 관계가 없으나 외형적으로 음운론적 관계를 갖고 있다면, 이를 **형식 착어증**(formal paraphasia) (Blanken, 1990)이라고 말하며, 이를 말실수 연구에서는 오용된 말(malapropism)이라고 부른다(Stemberger, 1993).

예를 들어, /**koŋ**/ '공'이 [**kom**] '곰'으로 실현되는 경우와 같이, 목표낱말과 단지 하나의 음소만 차이가 있으며, 동시에 언어 착어증을 보이는 경계상에 놓인 음소 착어증이 있다. 이런 경우는 낱말대치의 문제인지 아니면 음소대치의 문제인지가 불분명하다.

목표낱말이 낱말연결체(문장의 일부분, 문장, 발화)로 대치되는 경우를 **통합 착어증**(syntagmatic paraphasia)이라고 하며, 통합 착어증은 넓은 의미에서 언어 착어증에 속한다.

의미 착어증은 목표낱말에 대한 대치낱말의 관계에—예를 들면, 반대,

〈표 2-3〉 언어 착어증

의미 착어증					
1. 포크	→	/숟가락/, /칼/	9. 지하철	→	/버스/
2. 딸	→	/엄마/	10. 집	→	/지붕/
3. 화장실	→	/목욕탕/	11. 돛	→	/배/
4. 눈	→	/눈사람/	12. 손	→	/장갑/
5. 에스컬레이터	→	/엘리베이터/	13. 연필	→	/칼/
6. 사과	→	/배/	14. 라디오	→	/오디오/
7. 신호등	→	/횡단보도/	15. 사탕	→	/과자/
8. 강아지	→	/고양이/	16. 달걀	→	/병아리/
형식 착어증					
17. 북	→	/붓/	21. 스케이트	→	/스케치북/
18. 사과	→	/사자/	22. 가늘다	→	/가린다/
19. 수박	→	/소박/	23. 몽둥이	→	/망둥이/
20. 신발장	→	/장발장/	24. 리모콘	→	/리어카/
통합 착어증					
25. 냉장고	→	/닫을 수 있는 전화/			
26. 아쿠아리움	→	/물고기들을 위한 우리/			
27. 옷장	→	/멋진 물건들이 안에 있는 것/			

상위개념, 하위개념, 연상개념, 기능적 관계 등—따라 세분화될 수 있다. 때때로 신체부위나 애완동물과 같은 특정 의미 영역은 선별적으로 유지되거나 손상되기도 한다. 의미는 구체적 의미와 추상적 의미로 구분될 수 있다. 이것은 실어증 환자에게서 현격히 구분되어 나타난다. 즉, 구체적 낱말이 추상적 낱말보다 실어증 환자에게서 보다 잘 산출된다(Rapp & Caramazza, 1991:194). 일반적으로 구체적 낱말이 추상적인 낱말보다 자주 사용되기 때문에 구체성 효과와 빈도의 효과를 구분하는 것이 어려운 경우가 있다(Duffy, 1994:158).

② 품사

독일어에는 여러 종류의 품사가 있다. 즉, 명사, 동사, 형용사, 부사, 전치사, 대명사, 관사, 관계사 등이 있다.

- 임의로 확장할 수 있는 품사를 **개방적 낱말부류**(open classes)라고 한다. 개방적 낱말부류는 내용어(명사, 동사, 형용사)와 동일시되기도 한다. 예를 들어, 모국어 사용에서 새로운 명사가 도입되는 현상을 누구나 알 수 있다.
- **폐쇄적 낱말부류**(closed classes)는 통시적(역사적)으로만 그 변화를 알 수 있는 품사를 말한다. 폐쇄적 낱말부류는 오랜 시간에 걸쳐 그 형태를 유지하고 있으며, 독일어 관사체계의 느린 변화를 생각해 볼 수 있다. 폐쇄적 낱말부류의 요소로는 한편으로 문법적 낱말부류(전치사, 관사, 대명사)와 다른 한편으로는 어미와 같은 문법적 단위들이 있다.

실어증 환자는 종종 **제한된 어휘**를 보이며, 이 현상은 모든 낱말부류나 각각의 낱말부류 또는 낱말부류 내에서 의미론적으로 정의된 특정 부분에서 나타난다.

개방적 낱말부류와 폐쇄적 낱말부류는 대체로 선별적으로 제한될 수 있으며, 또는 선별적으로 사용될 수 있다. 이것은 폐쇄적 낱말부류의 통사적 기능과 관계된다. 즉, 폐쇄적 낱말부류의 낱말은 통사적 틀을 형성하며, 이 틀에 개방적 낱말부류의 낱말이 삽입될 수 있다(4장).

개방적 낱말부류와 폐쇄적 낱말부류의 차이는 다른 영역에서도 중요하다. 즉, 음소 신조어와 난해성 신조어는 폐쇄적 낱말부류에서보다 개방적 낱말부류에서 훨씬 더 많이 나타난다(Christman & Buckingham, 1989).

③ 형태론

형태론은 조어와 관계가 있으며, 그 기초적 단위를 형태소라고 한다.

형태소(morpheme)는 의미를 갖는 최소 단위이다.

형태소는 독립적으로 사용될 수 있으며(집, 그, 매우), 혹은 낱말의 일부분으로 나타나기도 한다(먹+고, 작+은). 이를 근거로 **자유형태소** 혹은 **의존형태소**라고 부른다. 형태소는 어휘적 의미를 가질 수 있다. 즉, 어근과 개방적 낱말부류의 자유형태소(명사, 동사, 형용사 등 소위 핵형태소)가 전형적인 것이라고 할 수 있다. 자유형태소는 문법적 의미를 가질 수 있다. 관사와 같은 폐쇄적 낱말부류가 전형적인 형태라고 할 수 있다. 예외적으로 전치사는 어휘적 그리고 문법적 의미를 모두 가질 수 있다.

형태론은 전통적으로 굴절(flection), 파생(derivation), 합성(composition)의 세 영역으로 구분된다.

- **굴절**(flection): 굴절은 낱말의 다양한 어미변화 형태(bring+en, bring+t, bring+st)[5]를 말한다. 굴절형태소는 폐쇄적 낱말부류의 요소에 속한다.
- **파생**(derivation): 파생은 파생어를 만드는 것과 관계된다(Berg → berg+ig, umleiten → Umleit+ung).[6]
- **합성**(composition): 합성은 핵형태소의 결합을 말한다(Haus+tür,

5) -en, -t, -st는 각각 동사의 인칭에 따른 어미변화이다.

6) -ig는 독일어 명사를 형용사로 만드는 파생형태소 중 하나이며, -ung은 동사를 명사로 만드는 파생형태소 중 하나이다.

wunder+schön).[7)]

가장 오른쪽에 위치한 형태소를 해당 낱말의 **머리**(head)라고 하며, 머리가 낱말부류와 문법적 특성을 결정짓는다.[8)]

형태론적으로 복합된 낱말이 실어증 환자에게서 **단순화**되어 나타나는 경우가 빈번히 있다. 실어증 환자는 합성어에서 대체로 머리만을 산출하는 경우가 많으며, 경우에 따라서는 합성어의 다른 부분을 산출하는 경우도 있다. 목표낱말 대신에 해당 낱말의 굴절이나 파생 형태가 산출되는 경우를 **형태 착어증**(morphological paraphasia)이라고 한다(Badecker & Caramazza, 1993, 〈표 2-4〉).

〈표 2-4〉 단순화 및 형태 착어증

1. 손전등	→	/전등/	7. 갔다	→	/간다/
2. 고속도로	→	/도로/	8. 우유를	→	/우유을/
3. 키친타올	→	/타올/	9. 놀라다	→	/놀라하다/
4. 가죽치마	→	/가죽/	10. 따뜻한	→	/따뜻하는/
5. 고무장갑	→	/장갑/	11. 날씨가	→	/날씨를/
6. 유모차	→	/차/			

④ 신조어

낱말 층위에서 특수한 경우에 소위 신조어(neologism)가 나타난다(〈표 2-5〉).

7) Haustür '현관문'은 Haus '집'과 Tür '문'의 합성어이고, wunderschön '비길 바 없이 아름다운'은 Wunder '놀라움'과 schön '아름다운'의 합성어이다.

8) 이 규칙을 'Right-hand Head Rule'이라고 하며, 파생어와 합성어에 적용되는 규칙이다. 위의 파생어의 예에서 bergig와 mutig는 각각 명사 Berg '산'과 Mut '용기'에 접미사 -ig가 결합하여 오른쪽에 위치하는 접미사 -ig의 품사 정보에 따라 형용사가 된다. 합성어 Haustür와 wunderschön의 경우에도 오른쪽에 위치한 Tür와 schön의 품사에 따라 각각 명사와 형용사가 된다.

- 발화된 말소리의 연결이 해당 언어에 속하는 낱말이 아닌 경우를 음운 신조어(phonological neologism)라고 한다.
- 발화된 말소리의 연결이 해당 언어에 속하지 않고 목표낱말과의 분명한 관계를 알 수 없는 경우를 **난해성 신조어**(abstruse neologism)라고 한다.

〈표 2-5〉 신조어

음운 신조어

1. 에펠탑	→	/에셀쿡/
2. 진찰실	→	/정시실/
3. 돌하루방	→	/돌묵원/

난해성 신조어

4. /걸마비깨/
5. /대께원/
6. /사잠비/

형태/의미 신조어

7. /책상하다/	10. /집건물/
8. /찬장고/	11. /불막대/
9. /발자동차/	12. /풀방/

혼성에 의한 신조어

13. /튜바라기/	←	튤립 + 해바라기
14. /신발래/	←	신발 + 모래
15. /야상배추/	←	양상추 + 배추

이미 언급한 것처럼, 음운 신조어가 종종 난해성 신조어와 동의어로 사용되기도 한다. 목표낱말을 인식할 수 있는 음운 신조어를 음소 착어증이라고 한다.

- 의미적으로 결합이 불가능한 형태소의 기술적 결합을 형태 신조어

(morphological neologism)라고 한다.

- **의미 신조어**(semantic neologism)는 기존의 형태소로 이루어진 낱말의 합성을 말하며, 이 합성된 낱말은 이상 형태를 보이지만 종종 의미론적으로 해석이 가능하기도 하다.

형태 신조어와 의미 신조어 사이의 구분이 어려운 경우가 많이 있다. 끝으로, 위의 세 가지 유형에 속하지 않는 신조어의 형태로 **혼성**(contamination)이 있다.

(3) 문장 층위

통사론은 문장의 구조를 다루는 분야이다.

문장은 다양한 방법으로 규정될 수 있다. 즉, 억양의 단위 혹은 내용적 단위(최소의 단위로 주어+술어 형태를 취하며, 명제라고도 한다)로서 규정될 수도 있으며, 또는 문법구조를 통해 규정될 수 있다.

문장 수준에서의 실어증 증상은 다음과 같다.

- 문장의 끊김
- 실문법증(agrammatism)
- 착문법증(paragrammatism)
- (제한적으로) 자곤(jargon)

통사론적 층위에서 가장 잘 알려진 두 가지 실어증 증상은 소위 실문법증과 착문법증이다.

① 실문법증

실문법증(agrammatism)은 다음 증상들의 복합적 출현에 대한 상위개념이다 (Tesak, 1990).

- 폐쇄적 낱말부류 요소(자유문법형태소와 의존문법형태소)의 생략 내지는 과소 사용
- 개방적 낱말부류(특히, 명사와 동사)의 과잉사용
- 굴절된 동사 형태를 부정형으로 대치하는 경우
- 축소된 문장길이
- 단순화된 통사론

실문법증 발화는 짧고, 단순하거나 간략한 통사구조를 보이며, 또한 많은 경우에 단순히 내용어의 나열 형태를 보이는 경우도 있다(〈표 2-6〉). 언어적 수단이 제한되었음에도 불구하고 최대한의 정보를 전달하기 위해서

〈표 2-6〉 실문법증

1. 치료사: 병이 났을 때 상황을 설명할 수 있겠어요?
   환　자: /…… 어 어 아따 …… 빰 …… 빰 …… 힘이 빠졌어 어 어 병원 갔지 ……/
2. 치료사: 가나다 병원에서 언어치료를 받으셨습니까?
   환　자: /어 예 하지 ……/
3. 치료사: 당시 마비 증세가 있었나요?
   환　자: /어 예 마비 …… 됐지/
4. 치료사: 병 나시기 전에 무슨 일을 하셨어요?
   환　자: /…… 방 …… 기계 오븐 …… 아따/ (제과점 운영에 대해 설명)
5. 치료사: 치료 끝나고 집에 가서 주로 뭐하세요?
   환　자: /텔레비전 …… 뉴스/
6. 환　자: /수 갑 ……/ (목표문장: 경찰이 범인에게 수갑을 채운다.)
7. 환　자: /선생님 …… 쓴다/ (목표문장: 선생님이 학생들에게 광복절에 대해 설명한다.)
8. 환　자: /신문 본다/ (목표문장: 아버지가 신문을 읽는다/본다.)
9. 환　자: /아이가 운다 …… 깼다/ (목표문장: 아이가 컵을 깨뜨려서 울고 있다.)

의도적으로 표어체 형식이나 전보체 형식과 같은 단순화된 언어가 사용되는 경우가 있다. 실문법증과 전보체를 같은 형태로 보는 경향이 있으나, 이는 서로 다른 현상이다(Tesak & Dittmann, 1991; Tesak & Niemi, 1997).

② 착문법증

착문법증(paragrammatism)은 비교적 복합적인 통사구조에서 다음의 특징을 내포하고 있다(Schlenck, 1991).

- 문장의 끊김
- 문장부분의 중복
- 문장의 교착
- 굴절어미와 기능어의 대치

〈표 2-7〉에 그 예를 열거하였다. 문장의 교착은 다음과 같이 구분할 수 있다.

- 심층적 문장 교착에서는 두 개의 목표문장이 하나의 문장으로 혼합되어 나타난다.
- 표층적 문장 교착에서는 두 개의 문장이 하나의 공통 구성요소를 공유한다.

착문법증과 실문법증의 출현은 통사적 관점에서 볼 때 서로 상반된 현상으로 인식될 수 있으나, 그 증상은 서로 섞여서 나타날 수 있다(Peuser, 1978:141ff). 이 경우 부분적으로는 과제의 특성과 상황적 특성, 개인적 관점이 큰 역할을 한다(Kolk & Heeschen, 1992). 착문법증과 실문법증이 상반된 것이라는 생각은 실문법증이 종종 느리고 더듬는 현상을 동반하는 반

〈표 2-7〉 착문법증

1. /병이 나서 그 그만두었지 병이 나서/
2. /나는 일 년 전부터 에 …… 나는 그만뒀지/
3. /비가 와서 쓴다 에 …… 비가 …… 우산을 쓴다/
4. /출장이 많았어요 많았지 여기 저기/
5. /행복해 소년이 보인다 행복해 한다/
6. /영희가 영희가 영화관에 영희가 간다/
7. /나는 회사에 있었는데 내가 있었다/
8. /이 아이가 신발을 입고 애기가 입고 있다/
9. /뭐 그냥 나는 운동하고 나는 공원에서 ……/
10. /여자는 디저트로 아이스크림으로 어 디저트를 먹는다/
11. /날씨가 좋아서 간다 좋아 바다로 간다/
12. /여자가 칼을 자른다 칼을 수박을 자른다/
13. /내가 만약 대통령이라면, 대통령이라면 …… 시내를 좋게 할 것이다 만들 것이다/
14. /여자가 아줌마가 우산을 쓰고 아래서 …… 우산 밑에서 책은 본다/
15. /아이들이 가족들이 공놀이 하고 던진다/
16. /내가 만약 의사라면, 사람들을 아픈 사람들을 좋게 하고 …… 좋게 한다/
17. /그때 어 내가 병원에 있었지 어 …… 침대 있었지/
18. /앞으로 더 좋아지지 않을거다 더 좋아진다 말입니까?/
19. /애기가 이분 …… 핑크색 목이 긴 게 마음에 들어 핑크빛 장화가 아닌가 싶네요/
20. /그때는 내가 말을 잘한 게 아닌가 …… 말이 잘한 게 아닌가/
21. /이거는 보니까 이 자리가 제일 낫네 하면서 말을 하네 하는 것 같은데 ……/
22. /너무 더워 바닷가에 사람들이 모여 더워 수영을 하네 하고 있네 모여서/
23. /남자가 소파에 누워 어 앉아 누워 신문을 보면서 읽고 보고 있고 담배를 피우네/

면에(〈표 2-8〉의 예 4), 착문법증은 정상적인 발화속도를 보이고 있으며, 경우에 따라서는 빠른 발화속도와 혼합되어 나타나기 때문이다.

③ 자곤

어떤 언어학적 층위에 속하는지 약간 불분명한 것으로 소위 자곤(jargon)을 들 수 있다.

자곤은 유창한 언어 산출을 보이고 있으나, 듣는 사람의 입장에서는 의미를 알 수 없거나 이해하기 어려운 상태를 말한다.

착문법적 현상이 자곤의 형태로 나타나는 경우가 많기 때문에 자곤을 통사론에 포함시킬 수 있다. 즉, 의미론적 그리고 음운론적 변이가 있음에도 불구하고 문장구조를 알 수 있는 경우가 많다.

〈표 2-8〉 자곤

1. 치료사: 아들은 무슨 일을 하세요?
   환 자: /그거 막 그래 맞다 …… 뿌웅 뿌웅 타고 아닌나 그러니까 비행지 비행지 타/
   치료사: 비행기 타고 외국에 자주 나가세요?
   환 자: /그래 그래 자주 자주 나가. 우리 아주('아들' 을 의미)는 집에 안 와. 뿔랜드('폴란드' 를 의미) 그 뭐꼬 막 안 가나 내가 그냥 막 그냥 쓰러('마음이 아파' 를 의미)/
2. (그림묘사: 당근을 썬다)
   환 자: /그저 골, 골 갖고 무시 무시 달굴 저 저 거 거 거 마담 마담 판 까루/
3. (그림묘사: 거실에서)
   환 자: /그러니까 이는 남자가 하는데 그 뭐 뭐꼬 텔레비하고 아마 자는데 있고 그러니까 여기는 …… 그 그 집 여자는 뭐 하는데 하모 하모 우리 우리 전화 웃네 그러니까 서서 어 요거는 아는데 아 거 그러니까 읽는다 읽지/
4. (그림묘사: 해변가)
   환 자: /아이 참 여자가 우우우우산 우산 있잖아 있잖아 여기 있고 그래서 말이야 사사사사람이 걷고 저리로 두두두둘 아이 찬 손 잡고 그래서 그래서 내 말은 걷고 있네 그러고 아이 참 서서 노노노놀고 아닌데 이거 이거 뭐하냐면 서서 선이 아이 참 저 뒤 그래서 아니 있고 아 파파파파크도 본다 아이 씨 있잖아 아줌마 여기 말이야 있고 그거 할버지 노네/
5. 치료사: 지난 수요일엔 왜 병원에 안 오셨어요?
   환 자: /아니 그 아니 그 뭐꼬 …… 내가 아니 우리 집사람이 아니 그러니까 바빠 바빠서 아니 집에 그 그 그러니까 다음에 여행 아니 ……/

신조어적 자곤(neologistic jargon)과 음소적 자곤(phonemic jargon) 그리고 의미적 자곤(semantic jargon)은 목표낱말에 대한 주변이 형태에 따라서 구분되며, 이 변이는 서로 혼합되지 않는다. 이러한 종류의 자곤을 정의하는 데는 물론 몇 가지 불분명한 점이 있다.

- Dittmann(1991:71)은 **신조어적 자곤**을 '모국어의 낱말 맥락에서 신조어의 빈번한 산출'로 특징짓는다. 〈표 2-8〉의 예1에서처럼 문법어를 분명히 알 수 있는 상태에서 내용어의 음소적 왜곡이 나타나는 특징을 볼 수 있다. 즉, 신조어적 자곤에 대한 기준은 맥락 속에서의 신조어의 인식 가능성과 제한성일 수 있다.
- 신조어적 내용어가 자주 나타나는 가운데 기능어가 선별적으로 유지되어 나타나는 현상이 **음소적 자곤**의 특징이다(Buckingham & Kertesz, 1976; Christman & Buchingham, 1989).

음소적 자곤을 Dittmann(1991:71)은 다음과 같이 정의하고 있다. 즉, "신조어가 압도적으로 많이 나타나거나 발화가 모두 신조어로 되어 있다면, 이를 음소적 자곤이라고 말한다." 〈표 2-8〉의 예2가 이에 해당한다. 그러나 대부분 신조어로만 산출되었다는 점에서 이 예를 신조어적 자곤이라고도 볼 수 있을 것이다.

- **의미적 자곤**에서는 의미 착어증과 낱말 그리고 내용 없는 발화가 아무런 의미 없이 연속적으로 나타나며, 물론 통사구조적으로 복합적인 형태로 나타나는 경우도 종종 있다(〈표 2-8〉의 예 4).

④ **비명제어**

통사론적 측면에서 끝으로 언급되어야 할 문제는 '진정한' 통사능력 없이도 산출 가능한 소위 **비명제어**(non-propositional language) 내지는 **자동구어**(speech automatism)이다.

비명제어의 본질적 측면은 형태의 경직성 내지는 '이미 만들어진 것(ready-mades)'의 반복학습된 지식이다.

통사론은 언어 산출에 있어서 낱말과 구절을 규칙에 따라 조합하여 통사구조를 만드는 분야이다. 그러므로 새로운 사고(소위 명제)를 표현하는 것이 가능하며, 명제어(propositional language)가 발생할 수 있다. 비명제어는 통사적으로 완성된 산출 내지는 비통사적인 산출에 초점을 맞추고 있다. 즉, 완성된 구절, 문장 부분, 감탄사, 속담, 노래가사, 스테레오타입, 사회양식, 상위의사소통(metacommunication) 수단, 언어적 배열 그리고 유사한 것 등(〈표 2-9〉의 예)이 해당된다.

Jackson(1874) 이후로 실어증 환자가 명제어의 사용에서 현저한 어려움을 보임에도 불구하고, 비명제어의 사용에서는 대체로 좋은 결과를 보이고 있다는 사실이 지속적으로 보고되고 있다. 이러한 관점에서 볼 때, 표층적 측면에서 통사적으로 복잡한 구조가 나타날 수 있으나, 이 현상은 실질적으로 통사적 언어생성 메커니즘의 능력에 의한 것이 아니다.

〈표 2-9〉 비명제어

1. /시간은 금이다./
2. /산토끼 토끼야 어디를 가느냐 ……/
3. /아이고 이런!/
4. /더 드릴까요?/
5. /담배 피우세요?/
6. /제가 말씀드려도 된다면 ……/
7. /월 화 수 목 금 ……/
8. /1 2 3 4 5 6 7 ……/

(4) 텍스트 층위

텍스트 층위는 문장 수준 이상의 발화 전체를 말한다. 구어에서는 들은 이야기를 재현하는 것, 그림 설명하기, ('주말에 무엇을 하셨습니까?' 와 같은) 개방적 질문을 통해서 텍스트 산출을 유도할 수 있다.

실어증 환자는 텍스트 측면에서 문제를 덜 가지는 것으로 보인다. 텍스트 구성과 텍스트 부호 붙이기는 대체로 정상인의 그것에 상응한다(Engel, 1973; Regenbrecht et al., 1992). 물론 실어증 환자의 텍스트는 정상인보다 덜 복잡하고, 정보내용도 적으며, 형태 또한 덜 분명하다. 그러나 이러한 변이는 형태론, 의미론, 통사론의 문제로부터 야기된 결과이다(Dressler & Pléh, 1988; Stark & Stark, 1991 개요 참조).

실어증 증상의 경중에 따라서 질적인 차이가 있을 수 있으며, 중증 실어증 환자의 텍스트와 그 구조는 정상인과 비교해 볼 때 분명한 변이를 보이고 있다(Ulatowska & Chapman, 1993 개요 참조).

(5) 유창성과 말의 흐름

정상적인 구어는 일정한 말속도와 억양의 흐름, (호흡과 계획을 위한) 일정한 휴지(pause)를 보인다. 실어증 환자는 **유창성**에서 다양한 형태의 장애를 보일 수 있다.

말을 할 때 유창성의 끊김을 불러일으키는 잦은 원인은 **낱말찾기장애**이다. 낱말찾기장애가 있으면 발화가 중단되거나 유창성을 유지하는 가운데 의사소통 회피행동이 나타나며, 또는 해당 낱말을 찾는 행동이 나타날 수 있다.

낱말찾기 행동은 음소적으로, 의미적으로 혹은 형태적으로 목표 형태에 '**접근하는 행동**(conduite d'approche)' 으로 나타날 수 있다. 목표 형태에 접근하고자 하는 노력은 목표 형태에 도달하지 못하고 그 형태에서 벗어나 '편향하는 행동(conduite d'ecart)' 으로도 나타날 수 있다(〈표 2-10〉).

〈표 2-10〉 접근하는 행동과 편향하는 행동

1. (독수리) /곡수 난다 …… 복수 …… 복수지 …… 복수이 …… 복수지/
2. (거미줄) /거진줄, 거지미줄, 버니줄, 거미줄/
3. (에스컬레이터) /에켈라이터, 케컬라이트, 에컬라이트, 에켈라이트/
4. (손톱) /솜톡, 솜톳, 손톡, 손톱/
5. (갈매기) /갈거서, 가서성, 갈배비, 갈개기, 갈배기/
6. (참외) /파파, 팜배, 가뫼, 파뫼, 참외/
7. (딸기) /고구, 고구려, 딸비, 깔기, 딸비, 깔기/
8. (장미) /잔비, 잠디, 장지, 방미, 장미/
9. (눈물) /넘목, 눈묵, 눈묵, 눔묵, 눈무, 넘목, 넘무, 눈무, 눈물/
10. (복숭아) /목중저, 옥숭자, 옥숭아, 옥숭다, 복숭아/
11. (하모니카) /하오지카, 호모니카, 하호니카, 하호지카/
12. (감자) /밤바, 감바, 감과, 감바, 감과/
13. (유모차) /오무차, 오무차, 요미차, 유무차/
14. (호박) /보박, 고박, 고곽, 고삭, 고박/
15. (바나나) /바바바, 박가바, 바나마, 바나바, 바마나, 바다다/
16. (키위) /키뷔, 이비, 피위, 피위, 키뷔, 키이/

유창성 실어증과 비유창성 실어증을 구분하기도 한다.

- 유창성 실어증은 정상적인 발화 속도를 보이고, 조음에는 큰 문제가 없다.
- 비유창성 실어증은 느리게 말하는 특징이 있고, 종종 아주 힘들게 말하며, 긴 휴지 (pause)를 보인다.

이러한 유창성에 따른 분류의 진단적 가치에 대해서는 아직 이론이 분분하다. Poeck(1989b)은 유창성에 따른 분류는 의미가 없다고 보는 반면에, Goodglass(1993)는 진단과정에 중요한 도움이 된다고 보는 입장이다. 진단적 가치에 상관없이 유창성은 실어증 환자의 구어에서 분명히 알 수 있는 중요한 특징이며, 다양한 분류 기준이 있다. 최소한 Benson(1967) 이후로 **1분당 낱말수**가 결정적 기준으로 받아들여지고 있다(Huber et al., 1991:24).

- 1분당 50낱말 이하는 비유창성이라고 할 수 있다.
- 정상적인 유창성은 1분당 90낱말 수준이다.
- 1분당 120낱말 이상은 과도한 유창성이다.

경우에 따라서는 유창한 언어 산출에서 다변증(logorrhea)이 나타날 수도 있다.

다변증은 "주저함이 없이 내용이 별로 없는 말을 과도하게 산출하는 형태"를 말하며(Huber et al., 1991), 종종 자곤과 동반되어 나타난다.

구조적 기준은 형태론적 통사론적 구조의 평균 길이이다. 평균 다섯 낱말 이하로 축소된 구절의 길이는 비유창성으로 평가된다(Goodglass et al., 1964).

비유창성의 일부분은 실어증에 그 원인이 있는 것이 아니라 조음과 발성 그리고 말의 리듬(소위 **힘든 언어구사**)에 의한 것이다. 이와 같은 증상은 말을 하는 과정에서 나타나는 것이지, 언어적 단위에 해당되는 것은 아니다. 이러한 장애가 언어능력 자체에는 문제가 없는 마비말장애(dysarthria)의 특징적 문제라는 사실은 우연이 아니다. 분류에 관계없이 말을 힘들게 하는 행동은 비유창성 언어구사를 보이는 환자에게서 관찰될 수 있다.

이와 유사한 형태로 **언어긴장**이 있는데, 이는 "생각을 언어적으로 표현하는 데 어려움이 있는 것"을 말하며(Huber et al., 1983:18), 표정이나 제스처, 심호흡 혹은 간투사 등이 동반되어 나타난다.

(6) 초분절 음운론

운율(prosody)은 각각의 분절체(segment)를 초월해서 나타나는 현상이나 소리 형태와 관련이 있다.

- 강세 음절과 비강세 음절
- 낱말 강세와 문장 강세
- 억양의 형태와 흐름

실어증 환자들은 위의 모든 부분에서 문제를 보일 수 있다.

비유창성 언어를 **운율장애**(dysprosody)와 연관짓는 경우가 종종 있으나, 운율장애가 언어의 문제인지 혹은 말의 문제인지 불분명한 부분이 있다. 억양의 흐름은 서술인지 질문인지를 결정하는 언어학적으로 중요한 요소이다. 이러한 관점에서 볼 때 운율의 어려움은 언어적 문제로 분류할 수 있다. 다른 측면에서, 중증 실어증 환자조차도 운율을 통해 질문과 서술, 요구를 분명히 표현할 수 있다는 보고가 있다.

운율에 있어서 또 다른 불분명한 점은 인지된 운율장애가 청자 특유의 **가공물**일 수 있다는 점이다. 즉, (기본 주파수 곡선의 흐름과 같은) 중요한 단위가 정확히 실행됨에도 불구하고 비유창성 실어증 환자(브로카 실어증 환자)의 말이 느려지는 것에서 청자는 운율장애가 있다는 생각을 하게 되기 때문이다(Danly & Shapiro, 1982).

운율구조(그리고 또한 분절체 내의 구조)의 변화는 소위 **외국강세 증후군**(foreign-accent-syndrome)을 불러일으킬 수도 있다. 외국강세 증후군은 실어증 환자가 (발병 전의 가족력이나 과거력 없이) 다른 언어의 억양으로 말을 한다는 인상을 청자가 갖게 하는 것이다(Moen, 1991).

(7) 반복현상

실어증 환자의 자발화에서 각각의 언어학적 층위에 분류하기 어려운 현상으로 소위 **반복현상**이 있다(Wallesch, 1990).

- 자동구어(speech automatism)
- 스테레오타입(stereotype)
- 보속증(perseveration)
- 반향어(echolalia)

자동구어는 **'반복적 발화**(recurring utterances)' 라고 말하기도 하며, "부적절하고 거의 강박적인 병리적 발화의 반복"으로, 음운론적으로 전혀 혹은 거의 가변성이 없다(Blanken, 1991b:121).

반복은 음절, 낱말, 문장의 일부분 혹은 발화 전체에서 나타날 수 있다.

- 의미 없는 음절이 나열되는 현상을 **비어휘적 자동구어**라고 한다(〈표 2-11〉의 예 1~10).
- 낱말과 문장의 일부분 혹은 문장이 나열된다면 이를 **어휘적 자동구어**(혹은 순수 낱말 자동구어)라고 한다(〈표 2-11〉의 예 11~20).

자동구어는 경우에 따라서 환자의 발화에서 대부분을 차지하거나, 전체를 차지할 수 있다(〈표 2-11〉의 예 21). 환자의 발화에서 한 낱말이나 낱말군에 한정되어 나타난다면, 이를 **단실어증**(monoaphasia)이라고 한다(Critchley, 1970:8).

〈표 2-11〉 자동구어

1. [도도] [다다] [나나] [노노]
2. [어이서이저이]
3. [저저저저저어]
4. [다우] [쇼우] [더] [허]
5. [히아] [히이]
6. [거거거막~악]
7. [어어어] [아이아이]
8. [디데도데] [다데도] [데데삐]
9. [와와] [와와]
10. [에이 에이]
11. /그거 말고/
12. /아닌데/
13. /예, 맞습니다/
14. /몰라요/
15. /그래서/
16. /아니, 내 말은 아 참/
17. /그러니까 뭐라 하지?/
18. /이거는 그거/
19. /그거 알아요/
20. /그럼!/
21. 치료사: 점심식사로 무엇을 드셨어요?
    환　자: /음, 음, 에, 거, 저, 어, 거어, 거어/
    치료사: 잘 기억이 안 나요?
    환　자: /예, 에, 거거 마아/
    치료사: 오늘 기분이 안 좋으세요?
    환　자: /아니오. 마 ……/
    치료사: 미역국에 김치, 고등어조림, 콩나물 무침 등이 나왔지요. 그렇지요?
    환　자: /아 ……/

스테레오타입(stereotype)은 자동구어와 반대로 내용이 없는 고정된 어투로서, 대체로 상황에 맞게 사용되나 상대적으로 내용이 빈약하다.

'뭐라 하지' '맙소사' 혹은 '세상에나'와 같은 스테레오타입은 실어증 환자의 언어 산출에 많은 부분을 차지할 수 있다(이는 자동구어로 해석될 수도 있다).

보속증(perseveration)은 앞서 말한 말소리나 음절, 낱말 혹은 문장(내지는 문장의 일부분)을 비의도적으로 반복하는 현상을 말한다.

보속증은 화자에게 의식적 혹은 무의식적으로 나타날 수 있으며, 즉각적 혹은 지연되어 나타날 수도 있다.

반향어(echolalia)는 앞서 발화된 것이나 바로 발화된 것을 고의가 아니게 강박적으로 반복하는 현상을 말한다.

반향어는 앞서 말한 낱말이 온전히 반복되거나, 약간 변형되어 반복될 수 있다. 예를 들어, 앞서 말한 것이 (비의도적이거나 의식적으로) 문법적 오류를 갖고 있다면, 심지어 이를 수정하는 경우도 있다(Dogil et al., 1995). 반향어는 자발화가 전혀 혹은 거의 나타나지 않는 환자에게서도 나타날 수 있다.

2.1.2. 이해

실어증 환자가 구어를 이해하는 데 보이는 어려움의 정도는 다양하다. 실어증 환자의 이해문제는 물론 청력과 집중력 그리고 기억력과는 무관한 것이다. 이러한 이차적 원인에 해당하는 사항은 제외된다.

이러한 현상은 무엇보다도 이해력을 직접적으로 관찰할 수 없으며, 단지 실어증 환자의 언어 이해는 일반적으로 감별 진단 시 큰 의미가 없다.

간접적으로만 알 수 있기 때문이다. 전형적인 검사 형태는 요구("책을 의자에 놓으세요!")나 질문(답이 확실한 질문, 예를 들면 텍스트를 들려주고 질문에 대답하기) 그리고 낱말 내지는 문장을 해당하는 그림에 맞추는 과제이다.

일반적인 대화에서는 이해를 못하거나 오해하고 있다는 사실을 모르다가 대화상대자가 '잘못' 반응할 때에야 비로소 알 수 있는 경우가 많다. 이 때문에 실어증 환자가 구어를 이해하는 데 어려움을 갖고 있음에도 불구하고 상대적으로 눈에 띄지 않는 경우가 있을 수 있다. 특히, '예' '물론' '알아요' '음'과 같은 일반적인 피드백 발화에 제한된 경우에는 실어증 환자가 제대로 이해하고 있는지 확인하기가 쉽지 않다.

이해에서의 문제는 다양한 층위에서 발생할 수 있다.

- **음운론적 층위**에서는 음소 식별에서의 결손이 예를 들어, /koŋ/ '공'과 /kom/ '곰'과 같은 낱말을 구별하지 못하는 상황을 초래할 수 있다.
- **낱말 층위**에서는 실어증 환자가 낱말의 의미를 찾는 데 어려움을 보일 수 있다. 이 경우 전혀 반응이 없거나, 음성학적으로 유사한 낱말이나 의미론적으로 비슷한 낱말을 찾는 경우가 있다. 전자는 음운장애를 의미하며, 후자는 의미장애를 의미한다. 이 현상을 보다 정확하게 구분하기 위해서는 소위 **음운론적** 그리고 **의미론적 전향자**[9]를 포함하고 있는 다수의 이해과제가 필요하다.
- 내용어를 올바르게 이해하더라도 관사와 같은 문법형태소를 더 이상

9) 낱말-그림 짝맞추기에서 목표낱말이 '사자'일 경우, 음운론적 전향자로 '사과'를 제시할 수 있으며, 의미론적 전향자로 '호랑이'를 제시할 수 있다.

정확하게 해석할 수 없는 환자는 **통사론적 층위**에 문제를 보인다. 다음 두 문장은 관사를 통해 누가 누구를 쏘는지 그 의미가 결정된다. 예를 들면, '*Den Hasen schießt der Jäger*(토끼를 사냥꾼이 쏜다) *vs. Der Hase schießt den Jäger*(토끼가 사냥꾼을 쏜다)' [10]와 같다.

흥미롭게도 많은 경우 정상인에게도 흔히 사용되는 **핵심단어**(key-word)**전략**이 나타나는데, 이 전략을 통해 단지 내용어만으로 문장의 의미를 파악하기도 한다. 이와 같은 경우는 동사로 표현된 행위와 명사로 표시된 사물이나 사람이 일반적으로 단지 하나의 특정 관계 속에 있을 경우(철수, 불고기, 먹다)에만 가능하다.

주납말부류의 의미가 관계를 형성하고, 이로써 필연적으로 의미가 형성되는 문장을 **불가역성 문장**(irreversible sentences)이라고 한다. 따라서 통사적 어려움은 주어와 목적어를 의미론적 측면에서 임의로 바꿀 수 있는 소위 **가역성 문장**(reversible sentences)에서 가장 두드러지게 나타난다(철수, 영희, 인사하다).

- **텍스트 층위**에서 실어증 환자들은 보다 심층적 측면에서 문제가 나타날 때 어려움을 보인다. 종종 핵심단어전략이 상식을 기초로 강화되며, 언어학적 정보가 무시된 채 처리된다(Ohlendorf, 1993). 또한 실어증 환자는 맥락정보의 통합에서 정상인들과는 다르게 처리하는 것처럼 보인다.

10) 독일어의 명사는 남성, 여성, 중성의 성(gender)을 갖고 있으며, 관사 또한 성에 따라 다른 형태를 갖고 있다. 독일어의 명사구는 네 가지의 격(주격, 소유격, 여격, 대격)으로 변화를 하며, 각각의 격에 따라 주어 혹은 목적어 등으로 기능한다. 첫 번째 문장의 Hase는 '토끼'라는 의미로 남성이며, den Hasen은 대격으로 목적어의 기능을 갖는다. 반면에 두 번째 문장에서 der Hase는 주격으로 주어로 기능한다. 첫 번째 문장의 der Jäger('사냥꾼')는 주격, 두 번째 문장의 den Jäger는 대격으로 각각 주어와 목적어로 기능한다.

2.1.3. 화용론과 의사소통

화용론은 언어의 기능에 관한 분야이며, 다음의 문제를 다룬다.

- 의사소통의 상호관계적 관점과 그 기저에 있는 규칙
- 언어의 사회적 관점
- 의사소통에 있어서 언어적 수단과 비언어적 수단(예: 제스처, 표정)의 관계

지금까지 실어증 환자의 언어를 체계로서의 언어학적 층위와 언어능력의 관점에서 고찰하였다. 의사소통이 언어적 수단을 토대로 이루어진다면 실어증 환자에게는 언어적 제약으로 인하여 **의사소통상의 제약**이 필연적으로 나타날 수밖에 없다. 실어증 환자는 한편으로는 의사소통의 상대방이 이야기하는 것을 이해하지 못하거나 단지 제한적으로 이해함으로써, 또 다른 한편으로는 실어증 환자가 의사소통 상황에서 말하고자 하는 바를 더 이상 적절히 그리고 충분히 빨리 표현하지 못함으로써 자신이 목표한 바와 의도를 제한적으로만 추구하거나 달성할 수 있다.

실어증을 포괄적으로 이해하기 위해서는 실어증의 순수한 언어-구조적 고찰을 의사소통의 차원으로 확장해야만 한다.

실어증 환자의 표현언어 증상만으로는 어느 정도 원하는 목적을 달성할 수 있는지, 다시 말해 어느 정도 의사소통에 성공적인지 정확히 알 수 없다. 언어가 의사소통의 매우 중요한 수단이지만 유일한 수단은 아니기 때문에 언어 외적 요소, 예를 들어 제스처, 표정과 같은 비언어적 체계들 또한 고려해야만 한다. 비언어적 요소가 보상적 기능을 갖고 있다는 것은 익히 증명

된 사실이다. 물론 실어증 환자가 언어와 동반되어 나타나는 제스처를 산출하고 이해하는 데 있어서 그리고 일반적으로 무언극(pantomime)에서 어려움을 보이는지 아닌지는 아직 논란의 여지가 많다(Herrmann, 1991).

그러나 실어증 환자가 언어학적 제약에도 불구하고 **화용론적 기본 지식**에는 손상이 없다는 점은 분명한 사실이다. 실어증 환자는 언어적 의사소통이 왜 필요한지를 알고 있으며, 일반적 화용규칙에 따라서 실행한다. 즉, 말을 서로 주고받는다든지, 차례 지키기(turn taking)에서 특정 규칙을 따른다는 사실을 예로 들 수 있다. 하지만 실어증 환자가 차례 지키기에서 적절한 행동을 하는 데에 어려움이 있는 것도 사실이다. 그러나 이것은 결코 화용론적 문제에 기인한 것이 아니라 제한된 이해력과 제한된 표현 가능성의 영향으로 나타나는 현상이다(Glindemann, 1990).

의사소통에서 주요한 관점 중의 하나는 산출된 발화의 **정보성**이다. 언어적 표현이 단지 몇 개의 음절이나 낱말 혹은 자동구어에 한정된다면 이를 통한 정보전달은 당연히 제한된다. 낱말이 풍부한 자곤(jargon) 표현 또한 상대적으로 내용이 없다. 이와 유사한 문제로 낱말찾기장애에서 나타나는 전략(예, 일반적인 대치낱말, 내용 없는 발화, 우물거림, 통합 착어증)이 있다. 유창성 실어증에서 종종 관찰되는 이러한 현상은 비유창성 실어증에서 나타나는 발화와는 약간 대조적이다. 비유창성 실어증 환자의 발화는 기본적으로 내용어가 그 주를 이루며, 따라서 전달하는 내용을 청자가 최소한 부분적으로라도 추정할 수 있다.

결과적으로 실어증 환자와 정상인 사이의 언어적 상호작용은 **여러 측면에서 잘못 이해하거나, 이해하지 못하는 현상**이 지배적이다. 실어증 환자의 본질적 문제는 화용론적 관점에서 볼 때 의사소통 참여자가 이해의 문제를 소위 **수정행위**를 통해 극복할 수 있는가에 대한 문제이다(Bauer & Kaiser, 1989).

실어증 환자의 의사소통에서 사용되는 비언어적 수단(표정, 제스처 등)에 대한 평가는 아직 논란의 여지가 많다. 먼저 언어적 제약이 비언어적 행위로 보상되며, 이러한 보상은 실험을 통해 명백히 증명될 수 있었다(Herrmann et al., 1988, 1989). 다른 측면에서는 무언극을 실행하는 데에도 제약이 따른다는 견해가 있다(Duffy & Duffy, 1981).

이와 별도로 실어증은 개념상 비언어적 상징체계와 제스처 체계의 제약도 포함한다는 시각이 있다(1장 비교).

실어증 환자의 구어적 의사소통은 다양한 형태로 나타날 수 있다. 매우 중증인 경우에는 언어적 의사소통이 전혀 이루어질 수 없다. 물론 언어적 수단이 매우 제한된 상태라고 할지라도 실어증 환자들은 종종 억양을 수단으로 질문이나 서술, 외침 등을 표현할 수 있다. 예를 들어, 주증상인 낱말 찾기장애를 전략을 통해 잘 대처할 수 있다면, 경증 실어증 환자는 경우에 따라서 의사소통 시 전혀 눈에 띄지 않을 수도 있다. 중증과 경증 사이에는 다양한 단계가 있을 수 있다.

물론 실어증 환자의 의사소통 상대방도 실어증 환자와 대화를 하게 되면 동일한 문제를 갖는다는 점을 간과해서는 안 된다. 정상인도 실어증 환자에게 자신의 의도를 전달하기 어려우며, 또한 실어증 환자가 그들에게 무엇을 전달하고자 하는지 이해하지 못한다. 이와 관련하여 환자의 가족을 진단과 치료에 적극적으로 참여시키는 노력이 점차 늘고 있다.

2.1.4. 문어

실어증 환자는 구어의 산출과 이해의 문제 외에도 전형적으로 문어의 문제도 보이고 있다(De Langen, 1988). 여기에서 문어는 읽기와 쓰기뿐 아니라 철자를 읽는 것과 같은 능력도 포함한다.

문어장애의 결정적 특징은 **구어와 문어 사이의 관계**에 있다. 여기에는 두 가지 기본 명제가 있다.

- **독립명제:** 문어와 구어는 각각 독립적인 것이다(즉, 장애 또한 독립적 형태이다).
- **의존명제:** 문어는 이차적 체계로 구어가 그 기초를 이룬다.

실어증 환자가 전형적으로 구어와 문어에 장애를 보인다는 점에 비추어 볼 때, 구어와 문어는 밀접한 관계를 갖고 있다. 동시에 문어적 능력이 구어적 능력보다 현저히 좋거나 혹은 현저히 떨어진다는 사실은 문어의 독립적 정보처리과정을 의미한다.

(1) 쓰기

뇌 손상으로 인해서 비교적 독립적으로 나타나는 쓰기장애를 **실서증**(agraphia 혹은 dysgraphia)이라고 한다.

이미 1장에서 분명히 한 바와 같이, 단일 형태의 장애로서의 실서증(agraphia)이 실어증에 포함되는가 혹은 포함되지 않는가는 정의의 문제이다.

각각의 문자를 형태적으로 정확히 쓸 수 없다는 점을 고려하지 않고서도 낱말 층위에서 다양한 병리적 현상이 나타난다. (하나 혹은 두 개의 문자소 다음에 나타나는) **끊김현상** 이외에 문자 착서증(graphemic paragraphia)과 의미 착서증(semantic paragraphia)을 구분해야 할 것이다.

- **문자 착서증**에서는 각각의 문자 혹은 문자군이 탈락되거나 치환되거

나 혹은 대치된다.

- 의미 착서증에서는 의미적으로 유사한 낱말이 쓰인다.

목표낱말의 문자소 구조가 바뀌지만 음운론적 구조가 바뀌지 않는다면 이를 **정서법적 착서증**(orthographic paragraphia)이라고 한다(De Langen & Cramon, 1986).

쓰기에서는 문자소적 신조어(graphemic neologism)와 의미 신조어(semantic neologism)가 나타난다. 이처럼 쓰기에서 나타나는 신조어를 **신문자**(neographia)라고 하기도 한다. 각각의 개념을 정의에 따라서 구분하는 것은 착어증에서와 마찬가지로 어려운 문제이다(〈표 2-12〉).

낱말부류에서는 폐쇄적 낱말부류와 개방적 낱말부류가 선별적으로 손상

〈표 2-12〉 신문자와 착서증

1. 겨울	→	기울	17. 멍멍이	→	먼먼이
2. 태권도	→	태궈원	18. 세탁기	→	분탕
3. 자동차	→	자돈차	19. 방망이	→	반창이
4. 연필	→	연빌	20. 딸기	→	빠
5. 숟가락	→	손가락	21. 환경	→	하비
6. 꼭대기	→	꼭개기	22. 병따개	→	병마개
7. 판매	→	팓매	23. 상황	→	항상
8. 해돋이	→	해돋ㅈ이	24. 벌어서	→	벌서
9. 넓다	→	볿다, 낡다	25. 평양	→	평알
10. 듣는다	→	들드리	26. 액자	→	액주
11. 맑다	→	막다	27. 백록담	→	빼로담
12. 많다	→	맗다	28. 진찰실	→	정시실
13. 받다	→	닫다	29. 두꺼운	→	두께은
14. 시소	→	사스	30. 부엉이	→	부열이
15. 줄이 있는 악기	→	줄이 이어서기	31. 붓	→	부덥
16. 의사	→	이쟁	32. 빨래집게	→	빨래지게기, 걸바미

되거나 유지될 수 있다. 쓰기에서도 착문법증, 실문법증 그리고 자곤이 나타날 수 있다. 그러나 이 현상은 쓰기의 특징적 장애가 아니라 복합적인 언어장애문제가 반영된 것이다. 보속증, 자동구어, 스테레오타입 그리고 비명제어도 마찬가지로 실어증 환자 쓰기능력의 한 영역을 차지한다.

(2) 철자 읽기

실어증 환자는 다양한 운동장애로 인하여 쓰기과정을 자동적인 흐름 속에서 수행하는 데에 어려움을 보인다(De Langen, 1992 참조). 그러나 실어증 환자는 부분적인 정서법 지식을 빈번히 이용할 수 있으며, 이는 철자 읽기를 통해서만 알 수 있다. 철자를 읽는 것은 **정서법 지식**에 관계된 것이며, 이는 쓰기에 바로 적용되지 않는다. 철자 읽기는 이런 방식에서 보면 목표낱말에 대한 정서법적 대표문자의 이름대기이다.

(3) 읽기

독일어는 상대적으로 엄격한 규칙의 정서법을 갖고 있다. 즉, 말소리와 문자의 일대일 대응이 대부분의 경우에 적용된다. 영어와 같은 다른 언어에서는 이러한 현상을 찾아보기 어렵다. 문자소(내지는 문자소의 문자적 실현)를 그대로 발음하는 이 현상은 독일어를 읽는 데에 많은 장점을 제공한다.

읽기는 **읽고 이해하기**와 **낭독하기**로 구분된다. 이 두 가지 능력은 각각 독립적으로 손상될 수 있다. 즉, 위의 두 가지 중 하나의 능력으로 다른 부분의 능력을 추측할 수 없다.

(4) 낭독하기

낭독하기에서는 목표낱말이 알려진 상태이므로 오류를 특히 잘 파악하고 분류할 수 있다.

다음과 같은 다양한 오류가 나타날 수 있다.

무반응과 몇 개의 말소리 뒤의 끊김 이외에 신독증(neolexia)과 착독증(paralexia)은 흥미로운 분야이다(〈표 2-13〉).

- 시각 착독증과 음운/음소 착독증은 목표낱말을 시각적으로 유사하게 생긴 문자나 청각적으로 유사한 소리로 읽는 것을 말한다. 각각의 소

〈표 2-13〉 신독증과 착독증

1. 다리미	→	/대미미/	17. 성냥개비	→	/카푸루스/
2. 선풍기	→	/선핑기/	18. 도시락	→	/도시파달/
3. 숟가락	→	/샛가락/	19. 리모콘	→	/필봉/
4. 신부	→	/핸부/	20. 파인애플	→	/애블바리/
5. 결석	→	/개석/	21. 금메달	→	/금보수/
6. 물	→	/물치/	22. 우체통	→	/우뎅/
7. 우스갯소리	→	/우스갯트/	23. 달걀	→	/달찰례/
8. 소파	→	/핏파/	24. 온도계	→	/온도온/
9. 재배한다	→	/잽쌔한다/	25. 화살	→	/표살/
10. 바나나	→	/바바바/	26. 육군	→	/숫근/
11. 케첩	→	/찻기름/	27. 책상	→	/캠자/
12. 서귀포	→	/서성/	28. 드라이기	→	/드라이스기/
13. 비둘기	→	/비러기/	29. 천둥	→	/천차/
14. 코끼리	→	/코비리/	30. 미끄럼틀	→	/시데오/, /미스니트/
15. 수박	→	/사죽/	31. 극장	→	/적진하/
16. 단무지	→	/야랜성/, /지랜성/			

리와 문자가 대치되거나, 삭제되거나, 첨가 혹은 치환되는 경우가 전형적이다. 이런 종류의 오류는 문자를 각각 독립적으로 처리하는 과정에서 생긴 오류일 수 있다. 그러나 낱말 전체가 대치(**언어 착독증** verbal paralexia)될 수도 있으며, 이를 **형식 착독증**(formal paralexia)이라고 한다. 다른 형태의 언어 착독증은 착어증과 유사하게 구분된다.

- 낭독된 부분이 해당 언어에 상응되지 않는다면 이를 **신독증**(neolexia)이라고 한다.
- 목표낱말이 의미적으로 유사한 낱말로 산출된다면 이를 **의미 착독증**(semantic paralexia)이라고 한다. 의미 착독증은 형태론적으로 복잡한 낱말의 일부분에서도 나타날 수 있으며, 이 경우 다른 부분들은 정확히 읽힌다.
- **형태 착독증**(morphological paralexia)은 목표낱말이 형태론적으로 유사한 형태(굴절 혹은 파생)로 대치되는 경우를 말한다.
- **통합 착독증**(syntagmatic paralexia)은 목표낱말을 여러 개의 낱말로 풀어쓰는 현상을 말한다.

낭독된 텍스트는 구어와 유사하게 비문법적이거나, 착문법적이거나 혹은 자곤 형태를 보일 수 있다. 보속증과 **소리내어 읽기** 또한 실어증 환자의 읽기능력의 특징이라고 할 수 있다.

(5) 읽고 이해하기

문어의 이해(읽고 이해하기)에서는 청각적 언어의 이해와 유사하게 문자소 층위, 낱말 층위 혹은 문장 층위 내지는 텍스트 수준에 따라 어려움을 보일 수 있다. 읽고 이해하기에서도 문자소/음운장애, 의미장애, 형태장애, 통사장애가 구분된다.

2.1.5. 기타 증상

실어증 환자는 지금까지 언급한 증상 이외에 종종 뇌 손상으로 인한 다른 문제를 가지고 있다. 이런 문제들은 언어능력에 직·간접적으로 영향을 미치며, 진단과 치료 시 고려되어야 한다(Cramon & Zihl, 1988; Prosiegel, 1991; Denzler, 1994; Goldenberg, 1997).

- 말장애(speech disorder)
- 실행증(apraxia)
- 편마비(hemiplegia)
- 무시(neglect)
- 시각장애
- 기억장애, 인지장애, 주의력장애

이러한 장애는 동반 증상으로 나타나며, 실어증과 인과관계가 없으며, 실어증과의 관계에서 특정 형태를 보이지 않는 관계로 여기에서는 다루지 않는다(Gerwig et al., 1993).

2.2. 실어증 증후군

실어증은 전형적으로 **다수의 증상**으로 명시된다.

실어증 환자는 환자마다 특유한 형태의 증상을 보이며, 유지된 능력 내지는 손상된 능력도 서로 다르게 나타난다(언어학적 프로필; Tesak, 2005b).

따라서 실어증 연구의 기본 질문은 증상의 조합이 항상 유사한 형태로 나타나는가, 아니면 개인에 따라 다른 형태로 나타나는가에 있다.

2.2.1. 개인별 증후군

개인별 증후군(individual syndrome)에 대한 생각(Steiner, 2001; Tesak, 2003, 2005b)은 실어증 증상이 일반적으로 독립적으로 나타나지 않는다는 것에서 출발한다. 전형적으로 모든 양상과 모든 언어학적 층위에서 손상을 보이며, 이것은 개인적 차이를 보인다.

Kurt Goldstein(1927; Goldstein, 1971:164)의 오랜 명언에 따르면, "우리는 환자가 보이는 모든 증상을 고려해야만 하며, 판단에 있어서 우선순위가 있어서는 안 된다. 더 중요한 것도 없으며, 중요하지 않은 것도 없다."

이러한 이유로 **언어학적 프로필**(linguistic profile)을 만들려는 노력이 나타나고 있다(Tesak, 2005b:29-64). 실어증 환자는 각자 개인적인 언어정보 처리의 장애 형태를 보이고 있으며, 그 정도에도 차이가 있다. 결과적으로 진단에서도 각각의 경우를 기술하는 형태로 바뀌고 있으며, 이는 치료를 계획할 때에도 간과할 수 없는 사항이다(Tesak, 2005b).

개인별 증후군이 요즈음 강조되는 이유는 '고전주의적 증후군 관점에 대한 논쟁' 부분에서 자세히 다룰 것이다. 그러나 신고전주의 관점이 다양한 문맥 속에서 널리 알려져 있기 때문에 여기에서도 비교적 자세히 소개할 것이다.

2.2.2. 신고전주의 관점

실어증 연구에서 신고전주의 관점은 19세기로 거슬러 올라가며, Franz Joseph Gall(1758~1828), Pierre Paul Broca(1824~1880), Carl Wernicke (1848~1905), Ludwig Lichtheim(1845~1928)에 의해서 시작되었다.

신고전주의 관점에서는 뇌 손상에 의존하여 항상 유사한 증상군, 소위 **실어증 증후군**이 발생한다고 가정하였다.

> 실어증 증상들의 조합은 (……) 임의적인 다양한 형태로 관찰되지 않았으며, 오히려 (……) 특정한 장애 형태를 보이고 있다(……). 이 증후군은 그 본질적인 특성을 일관되게 유지하고 있다(Huber et al., 1989:107).

이 신고전주의 관점은 오늘날 무엇보다도 '보스턴 학파' (Geschwind, Goodglass, Benson, Albert가 대표학자이다)와 여기에서 파생된 '아헨 학파' (Poeck이 대표적 학자이다)의 중심을 이루고 있다. 여기 두 학파는 공통된 배경과 상당히 일치하는 기본 생각들을 갖고 있음에도 불구하고 몇 가지 부분에서는 차이점을 보이고 있다.

보스턴 학파와 아헨 학파는 소위 **주증상**을 토대로 실어증 환자를 특정 유형으로 분류하는 것이 가능하다고 가정하고 있다.

(1) 보스턴 학파의 진단도식

보스턴 학파에서는 실어증을 분류하기 위한 주증상/자질로 유창성, 이해력 그리고 따라 말하기를 제시하고 있다. 이 세 가지 특성과 단순히 좋고 나쁨의 분류로 다양한 실어증 증상을 구분한다.

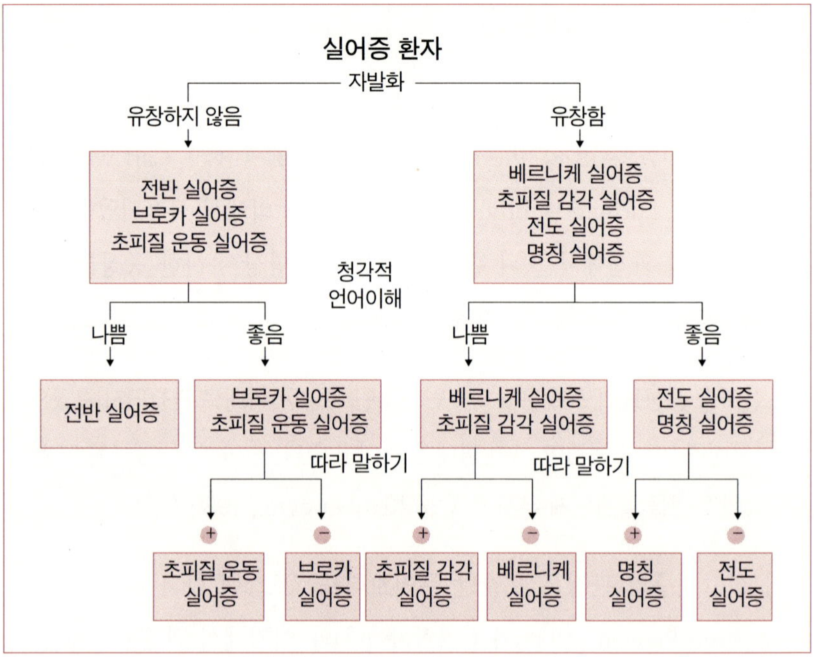

[그림 2-3] 보스턴 학파의 진단도식(Helm-Estabrooks & Albert, 1991)

보스턴 학파의 진단과정은 [그림 2-3]에 잘 나타나 있다. 다른 학파에서도 이와 비슷한 방법으로 실어증을 간단하고 대략적 기준에 따라 분류하고 있다. 세부적인 사항에서는 차이가 있을 수 있으나, 각각의 실어증 증후군에 대한 기술은 기본적으로 일치하고 있다.

(2) 아헨 학파의 분류도식

아헨 학파는 보스턴 학파에서 파생된 학파이다. 아헨 학파는 독일어권에 널리 알려져 있는 관계로 좀 더 자세히 소개하고자 한다. 아헨 실어증 검사(Aachener Aphasie Test, Huber et al., 1983)에서는 총 여덟 개의 증후군으로 구분된다.

독일어에서는 실문법증이 브로카 실어증(Broca's aphasia)의 주증상인

아헨 학파는 실어증을 표준 증후군(standard syndrome)과 비표준 증후군(non-standard syndrome)으로 구분한다. 이러한 구분은 특정 주증상들, 특히 자발화에 나타나는 주증상들에 기초를 두고 있으며, 이 주증상들이 공통적으로 출현할 경우 증후군 명칭으로 지정될 수 있다. 표준 증후군은 그 증후군의 표면적 출현빈도에 의해 그 이름이 정해진다.

반면에, 영어에서는 음운장애가 브로카 실어증의 주증상이라는 사실을 확인할 수 있는 만큼 주증상의 비중은 원칙적으로 자의적이다. 표준 증후군과 비표준 증후군에 대해서는 Huber et al.(1983, 1989)에 의거하여 기술된다.

① 표준 증후군

소위 표준 증후군은 다음과 같다.

- 명칭 실어증(anomic aphasia)
- 브로카 실어증(Broca's aphasia)
- 베르니케 실어증(Wernicke's aphasia)
- 전반 실어증(global aphasia)

명칭 실어증은 실어증 가운데 가장 경증에 속한다. 그 특징은 유창한 언어, 비교적 온전한 문장구성과 비교적 심한 낱말찾기장애이며, 낱말찾기장애는 내용어에서 에둘러 표현하기, 대치전략, 문장 끊김과 의미 착어증, (드물게) 음소 착어증으로 나타난다. 특히, 낱말찾기장애는 이름대기에서 가장 두드러지게 나타난다. 이때 초성의 단서와 의미적 단서가 도움이 된다. 언어이해력은 단지 극소의 장애를 보인다. 따라서 명칭 실어증 환자는 의사소통에서 단지 상대적으로 극소의 제약을 보인다.

브로카 실어증 환자의 말은 유창하지 않다. 다시 말해 천천히 말을 하고, 더듬거나, 운율장애를 보인다. 브로카 실어증 환자는 언어 사용과 말하기에서 매우 힘든 상태를 보인다. 음소 착어증이 자주 나타나며, 형태론적 측면에서도 어려움을 보인다. 문장 층위에서는 실문법증 현상이 전형적이며, 한 낱말 문장이나 두 낱말 문장 이외에도 구성이 짧고, 단순화되며, 통사적으로 결함을 보인다. 내용어가 기능어보다 상대적으로 자주 사용된다. 이해력은 비교적 좋은 상태를 유지하고 있으나, 가역성 문장과 같이 세분화된 통사정보처리를 요구하는 과제에서는 제약을 보이고 있다. 쓰기에서는 문자 착서증과 실문법증이 나타난다. 읽기에서는 자발화와 유사한 형태를 보이고 있다. 브로카 실어증은 말실행증 문제 이외에 언어 멜로디의 단순화, 책을 읽는 듯한 말투, 발성의 문제, 웅얼거리는 조음과 같은 마비말장애의 문제를 자주 보인다. 의사소통은 증상의 심한 정도에 따라서 다르게 나타난다. 발화된 것을 이해하는 정도에 상응하여 내용을 전달하는 것에도 차이가 있다. 브로카 실어증의 양호한 언어이해력이 의사소통을 쉽게 도와준다.

베르니케 실어증의 자발화 산출은 유창하지만, 경우에 따라서는 다변증을 보이고 있으며, 음소 착어증과 의미 착어증, 신조어로 특징지어진다. 이는 자곤으로까지 나타날 수 있다. 문장 층위에서는 착문법증이 나타난다. 의사소통 상대방이 환자의 발화를 따라가기 어려운 경우가 많다.

베르니케 실어증 환자는 언어 이해 시 낱말의미론적 층위에서 가장 큰 어려움을 보인다. 특히 내용어에서 어려움을 보인다. 읽기와 쓰기능력도 이에 상응하는 장애를 보인다. 흥미롭게도 의사소통은 외형적으로 볼 때에 비교적 잘 이루어진다. 베르니케 실어증 환자는 긴 '대화' 를 할 수 있다. 물론 의사소통 상대방에게 내용을 이해시키는 경우는 드물며, 따라서 베르니케 실어증 환자들의 의사소통능력은 심하게 손상되어 있다고 할 수 있다.

전반 실어증은 실어증 가운데 가장 중증의 형태이며, 매우 제한된 표현 가능성을 보이고, 종종 한 낱말 발화나 자동구어를 산출한다. 환자는 보속증 경향이 있다. 언어 이해, 읽기, 쓰기에서 심한 장애를 보인다. 전체적으로 전반 실어증 환자와의 의사소통은 거의 불가능하다.

② 비표준 증후군

소위 비표준 증후군은 다음과 같다.

- 전도 실어증(conduction aphasia)
- 초피질 운동 실어증(transcortical motor aphasia)
- 초피질 감각 실어증(transcortical sensory aphasia)
- 혼합 초피질 실어증(mixed transcortical aphasia)

표준 증후군과는 달리 진단과정에서 다른 증후군과 비교할 때 각각의 능력이 중요한 역할을 한다. 특정한 경우에는 **따라 말하기**가 다른 영역에 비해 더 좋은가, 아니면 더 나쁜가가 중요시된다.

전도 실어증은 유창한 언어를 보이고 있으나, 발화 시 음소 착어증이 많이 산출되는 것으로 특징지어진다. 예를 들어, 베르니케 실어증과는 달리 따라 말하기에서 지나치게 심한 장애를 보이는 것이 본질적 특징이며, 따라 말하기의 과제가 길면 길수록 이 문제는 더욱 심하게 나타난다.

초피질 운동 실어증 환자는 자발화를 거의 못하거나 혹은 전혀 못하지만, 따라 말하기에서 양호한 조음상태를 보이고, 통사구조도 정상적이다. 보고에 의하면, 초피질 운동 실어증 환자의 언어 이해는 비교적 좋은 편이며, 소리 내어 읽기가 가능하다고 한다.

초피질 감각 실어증 환자는 베르니케 실어증 환자와 유사하게 많은 의미 착어증을 보인다. 자발화에서 나타나는 반향어 성향은 따라 말하기의 탁월한 능력에 상응하며, 이때 따라 말하기는 언어 이해의 어려움으로 인하여 내용을 파악하지 않고 실행된다.

혼합 초피질 실어증은 말이 유창하지 않고 언어이해력에 문제를 보임에도 불구하고 따라 말하기가 잘 이루어지는 특징이 있다.

2.2.3. 신고전주의적 증후군 관점에 대한 논쟁

신고전주의적 증후군 관점은 독일어권에 널리 퍼져 있다. 환자의 증상을 구체적으로 알지 않고도 증후군 명칭으로 개별적인 언어 상태에 대한 주요 정보를 알 수 있다고 주장한다. 이것은 소위 경제적 관점을 강조하는 부분이며(Kohn & Smith, 1992:16f; Goodglass, 1993:216), 의학적 필요성(빠른 의사소통, 신속한 분류)에 의해 시작되었다고 하지만, 실어증 현실에는 맞지 않는 사항이다. 신고전주의 관점은 진단도구를 통해 지지된다. Grohnfeldt (1993b:4)가 지적한 바와 같이, 독일어권에서 증후군적 관점이 사랑을 받게 된 것은 신고전주의적 아헨 실어증 검사(Huber et al., 1983)와 깊은 관계가 있어 보인다.

증후군 관점의 폭넓은 사용으로 인하여 실어증에 대한 많은 연구가 이 관점을 토대로 이루어지고 있다. 특정 증후군을 갖는 실어증 환자를 다른 증후군의 실어증 환자와 비교하거나, 정상인 혹은 실어증을 동반하지 않은 뇌 손상 환자와의 비교를 통한 집단연구에서 이러한 사실을 알 수 있다. 우리는 예를 들어, '브로카 실어증 환자의 증상' 혹은 '베르니케 실어증 환자의 증상' 에 대해서 많은 것을 알게 되었다.

역사적으로 실어증을 분류하려는 많은 노력이 있었으나, 이는 대부분 증후군 관점에 기초를 두는 것이었으며, 유사한 체계들을 만들어 냈다

(Benson & Ardila, 1996:111-120). 물론 이 사실에서 그것이 '자연적' 형태와 관계된 것이라는 것을 유추할 수는 없다. 모든 분류체계는 이론과 시대에 종속되어 있으며, 이런 시각을 고려하지 않은 것은 아헨 학파의 형태에서 나타나는 신고전주의 관점의 분명한 약점이다(Tesak, 2006 참조).

이미 살펴본 바와 같이 고전적인 증후군을 어느 정도의 범위에서 실어증에 적용할 수 있는가에 대한 견해에는 많은 차이가 있다. 기본적으로 증후군 관점은 가능한 한 많은 실어증 환자를 포괄해야만 할 것이다. Poeck (1981, 1983)과 Helm-Estabrooks & Albtert(1991)는 뇌졸중으로 인한 모든 실어증 환자의 약 80%를 "아무런 문제없이 잘 정의된 하위 그룹으로 분류할 수 있다(Poeck, 1981:107)."라고 말한다. 다른 학자는 50% 이하라고 말하기도 하며(Goodglass, 1981), 또 어떤 학자는 단지 20~30%(Albert et al., 1981)만이 분류될 수 있다고 말하기도 한다. 이를 고려해 볼 때, 3장에서 좀 더 자세히 다루어야 될 두 가지 문제점이 나타난다.

- 아헨 학파의 증후군 접근법은 겉질 손상이 있는 뇌졸중 환자에게는 적절하지만, 외상으로 인한 실어증, 겉질밑 실어증 혹은 치매성 실어증과 같은 다른 원인을 갖는 집단에게는 부적절하다.
- 신고전주의 관점은 아동 또는 청소년에게 나타나는 실어증에 적용하기 어렵다.

출현하는 실어증의 많은 부분은 고전적인 증후군에 맞춰 분류될 수 없다.

다양한 연구에서 나타난 다음의 사실은 증후군 관점에 대한 더 큰 문제점을 부각시킨다.

증후군은 내적으로 매우 **이질적**이다. 두 명의 실어증 환자가 같은 증후군에 속할지라도 실어증 증상은 매우 다르게 나타날 수 있다.

이 문제점은 서로 연관성이 있는 세 가지 관점으로 생각해 볼 수 있다.

- 첫 번째로 고전적인 증후군 관점에서 볼 때, 예를 들어 브로카 실어증 환자가 실문법증을 보이지 않거나(Goodglass, 1993:217) 혹은 유창하게 말을 하는 브로카 실어증 환자(Kolk et al., 1985)와 같이 '특이한' 증상결합을 보인다는 보고가 있다.
- 두 번째 문제점은 특정 증후군의 특징적 증상이 필수적인 증상인가에 대한 의문이다. 예를 들어, 전반 실어증을 진단하기 위해서 자동구어가 필수적으로 나타나야만 하는 것인가는 불분명하다(Wallesch & Kertesz, 1993:105f).
- 세 번째 문제점은 일반적 증상들은 너무 불명확하며, 따라서 좀 더 정확성이 요구된다는 것이다. 언어 이해의 좋고 나쁨 내지는 따라 말하기의 좋고 나쁨과 같은 대략적인 분류는 차별성이 매우 약하다. 예를 들어, 실문법증 증상은 그 자체로 하나의 증후군일 수 있으며, 각각의 실문법증 증상은 독립적으로 나타날 수 있거나, 다른 증상과 결합하여 나타날 수 있다(Tesak, 1991). 이 사실은 무엇보다도 실어증 증상을 언어학적-심리언어학적 방법을 통해 연구했을 때 더 명확해진다.

위의 사실은 다양한 분야(분류, 방법론, 모델 형성)에서 반향을 불러일으켰다.

- 증후군을 지지하는 학자들은 분류 내지 증후군을 보다 구체적으로

구분하기 시작하였다.

예를 들어, Benson & Ardila(1996:127f)는 브로카 실어증과 베르니케 실어증을 각각 제I유형과 제II유형으로 세분화하고 있다. Huber et al.(1989)은 더 나아가 전반 실어증을 네 가지 유형(표준 유형, 반복 유형, 신조어 유형, 스테레오타입 유형)으로 구분하고 있다. 이러한 현상은 표준 증후군의 표준 유형과 표준 증후군의 비표준 유형이 있어야만 하는 용어적으로 혼란스러운 사태를 불러일으키고 있다.

- 신고전주의적 증후군은 매우 적은 임상적 가치를 가지고 있기 때문에 **개인별 증후군**을 수용하는 것이 이런 현실적 문제를 해결하기 위한 논리적 귀결일 것이다.

"증상과 각각의 증상이 생활에 미치는 영향이 치료의 중심에 있기 때문에 증후군은 치료계획을 수립하는 데에 특별한 도움이 되지 못한다(Schöler & Grötzbach, 2002:33)."

- 증후군에 대한 비판적 고찰은 실어증 연구에 대한 **방법론**을 변화시키기도 하였다(Caramazza & Martin, 1983; Shallice, 1988:1-37; Kelter, 1990:14-35; Caplan, 1991).

일반적으로 **개별연구**가 중요시되고 있으며, 이들은 집단연구를 보충하거나 폭넓게 대체하고 있다. 왜냐하면 한 증후군에 속한 실어증 환자들 간에도 차이가 너무 커서 그런 집단의 평균 결과들을 가지고 어떤 환자를 이런 증후군에 속한다고 분류하는 것은 적합하지 않다는 사실이 밝혀졌기 때문이다. 현재는 집단연구가 일반적으로 '실어증' 영역에서만 이루어지는데, 대부분 실어증을 동반하는 뇌졸중 환자와 실어증을 동반하지 않는 환자를 비교한 연구들이 주를 이룬다.

- **언어학적 실어증 연구**와 **인지신경심리학**에서는 실어증 환자의 언어형태를 정상인의 언어정보처리 모델에 비추어 연구하고 있다. 이러한

연구는 개별연구와의 연계 속에서 실어증 증상을 증후군과 관계없이 독립적으로 이해할 수 있는 길을 열었으며, 실어증 증상을 보다 잘 이해할 수 있게 하였다.

2.3. 길라잡이

실어증 증상에 대한 이해는 아직도 전통적 치료행위를 위한 최고의 전제 조건이다. 증상에 대한 차별적 이해는 어떤 의미에서 변이와 장애를 이해할 수 있는 출발점일 것이다.

신고전주의적 증후군 관점은 이론적으로나 임상적으로나 쇠퇴되었다. 실어증의 역사나 현재의 발전상태를 잘 아는 사람은 그 이유를 이해할 것이다(Tesak, 2005a, 2006). 개인별 능력 프로필을 만들어 내는 것이 현 시점에서 치료의 기초를 확립할 수 있는 가장 좋은 방법이기 때문에 저자는 개인별 증후군 관점이 의미 있다고 생각한다.

제3장

실어증의 원인과 손상 부위

Bis zum heutigen Zeitpunkt ist die Neurologie nicht in der Lage, die pathophysiologischen Grundlagen der Aphasien aufzuklären.

오늘날까지 신경학은 실어증의 병리생리학적 기초를 설명할 수 없다.

Wallesch, 1988:169

Die Zuordnung einzelner Aphasietypen zu eindeutig lokalisierten Hirnläsionen ist sehr unsicher und variabel.

개개의 실어증 형태를 명백히 뇌 손상 부위에 따라 분류하는 것은 매우 불확실하며 가변적이다.

Kessler et al., 2003:47

제3장 실어증의 원인과 손상 부위

실어증의 원인은 뇌 손상에 있다. 실어증의 원인에 대해 자세히 언급하기 전에 먼저 뇌의 주요한 특성에 대해 살펴보고자 한다.

3.1. 뇌의 구성과 기능

3.1.1. 구성

사람의 뇌는 다양한 부위로 구분될 수 있다. 일반적으로 뇌줄기(brain stem), 소뇌(cerebellum), 사이뇌(diencephalon) 그리고 대뇌(cerebrum)로 구분된다. 실어증과 관련해서는 무엇보다도 **대뇌**가 관심의 대상이 된다. 대뇌는 두 개의 대칭적 반구(hemisphere)로 이루어져 있으며, 두 개의 반구는 깊은 틈새(fissure)에 의해 분리되어 있고, 뇌들보(corpus callosum)가 좌우 대뇌반구를 연결하고 있다. 대뇌의 외부는 다양한 고랑과 이랑 형태의 표면, 즉 대뇌겉질(새겉질 neocortex)로 이루어져 있으며, 강한 주름층으로 인해 전체 대뇌겉질 중 약 1/3 정도만 볼 수 있다.

각각의 대뇌반구는 네 개의 **대뇌엽**(cerebral lobes)으로 구분될 수 있다. 이마엽(frontal lobe), 마루엽(parietal lobe), 관자엽(temporal lobe) 그리고 뒤통수엽(occipital lobe)이 그것이다. 또한 안쪽으로 주름져 들어간 상태로

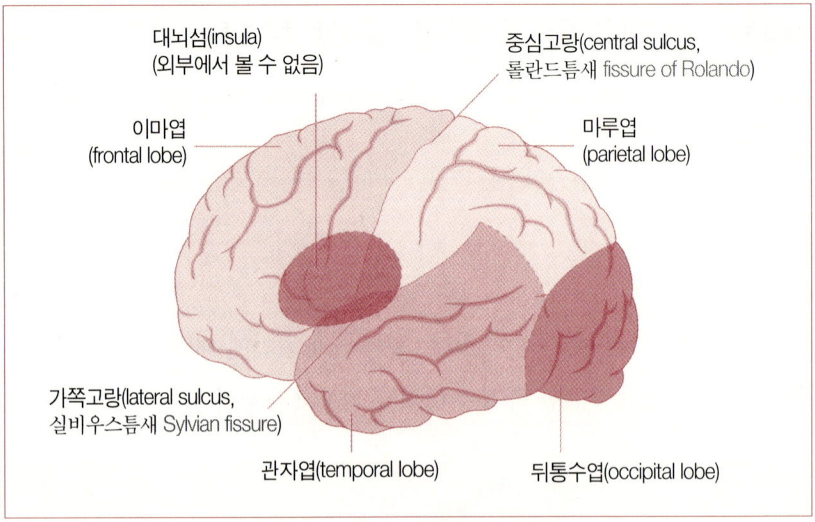

[그림 3-1] 인간 대뇌의 엽과 틈새

외부에서는 볼 수 없는 소위 대뇌섬(insula)도 여기에 포함시킬 수 있다. [그림 3-1]은 위에 기술한 대뇌 영역들을 도식적으로 보여 주고 있다.

엽(lobe)은 (전체 대뇌겉질과 같이) 또한 소엽(lobulus), 이랑(gyrus), 고랑(sulcus)으로 구분된다. 여기에서 중요한 것은 이마엽, 관자엽, 마루엽을 구분짓는 가쪽고랑(lateral sulcus 혹은 실비우스 틈새 Sylvian fissure)과 중심고랑(central sulcus 혹은 롤란드 틈새 fissure of Rolando)이다. [그림 3-2]는 대뇌 좌반구 겉질 표면의 주요 부분을 잘 보여 주고 있다.

대뇌겉질은 1.5~5mm 두께의 회색질로 되어 있다. 각 대뇌반구의 표면 아래에, 소위 대뇌속질에는 신경섬유와 신경아교세포(neuroglia)로 이루어진 백색질이 있다. 신경섬유 내지 신경다발은 부분적으로 멀리 떨어져 있는 겉질 영역을 서로 연결해 준다. 실어증과 관련된 중요한 신경다발이 [그림 3-3]에 제시되어 있다.

뇌 또는 대뇌반구에 있어서 동맥을 통한 **혈액공급**은 실어증을 관찰하는

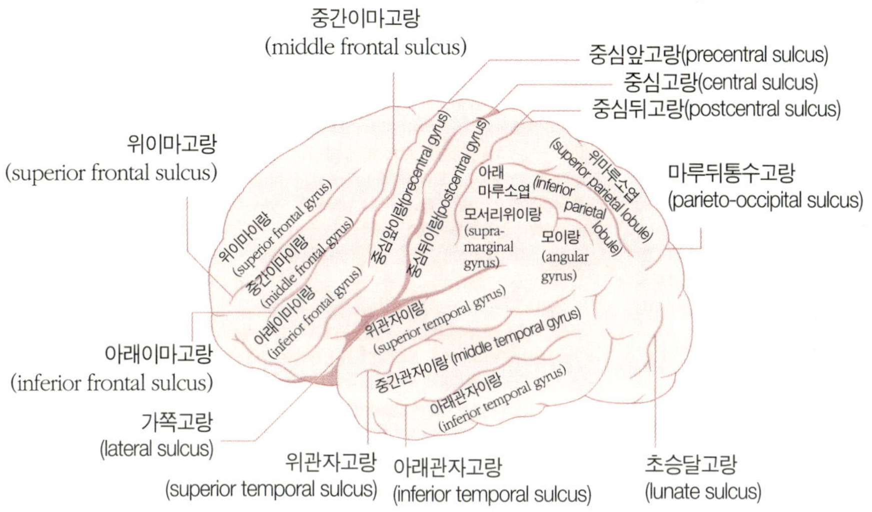

[그림 3-2] 대뇌 좌반구 분류(Duus, 1995)

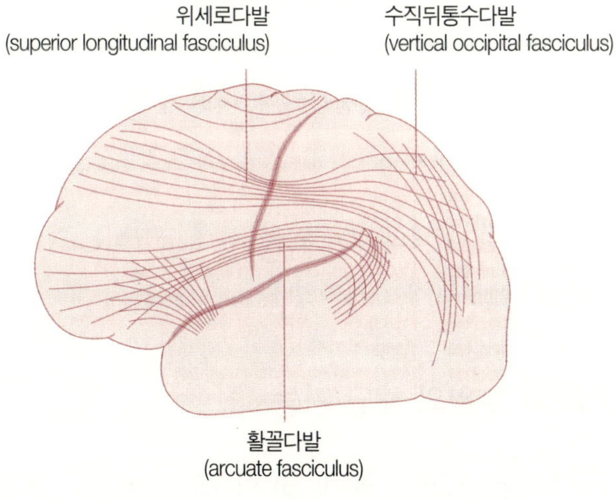

[그림 3-3] 대뇌의 주요 신경섬유다발

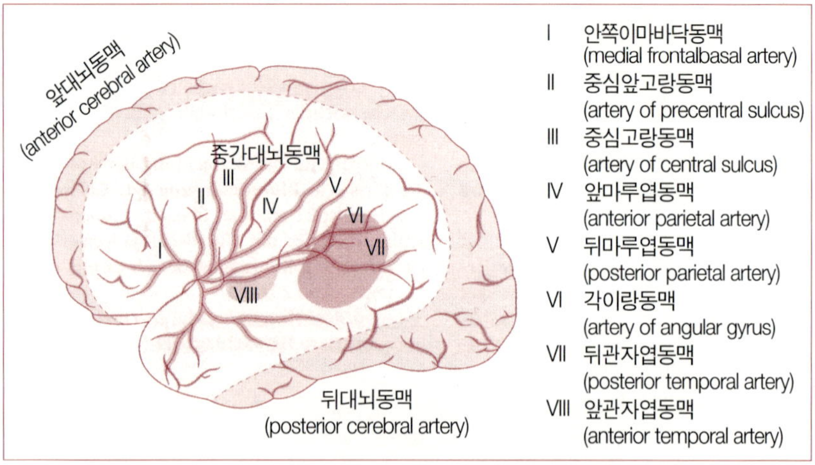

[그림 3-4] 중간대뇌동맥의 혈액공급 영역

데에 중요하다. 혈액공급은 속목동맥(internal carotid artery)과 척추동맥(vertebral artery)을 통해 이루어진다.

- 속목동맥은 두 부분으로 나누어진다.
  - 앞대뇌동맥(anterior cerebral artery)
  - **중간대뇌동맥**(middle cerebral artery): 중간대뇌동맥은 뇌 표면의 측면 대부분에 혈액을 공급하며, 여러 가지의 동맥으로 세분화된다.
- 뒤대뇌동맥(posterior cerebral artery)은 척추동맥에서 시작된다.

위에서 언급한 세 개의 대뇌동맥을 통해 공급되는 영역과 중간대뇌동맥의 가지를 [그림 3-4]에 표시하였다.

3.1.2. 뇌 부위와 해당 기능

Franz Joseph Gall(1758~1828) 이후로 뇌 내지는 대뇌겉질(cortex)의 특정 부위에 특정 기능을 부여하는 것이 일반적이다. 이와 관련지어 대뇌

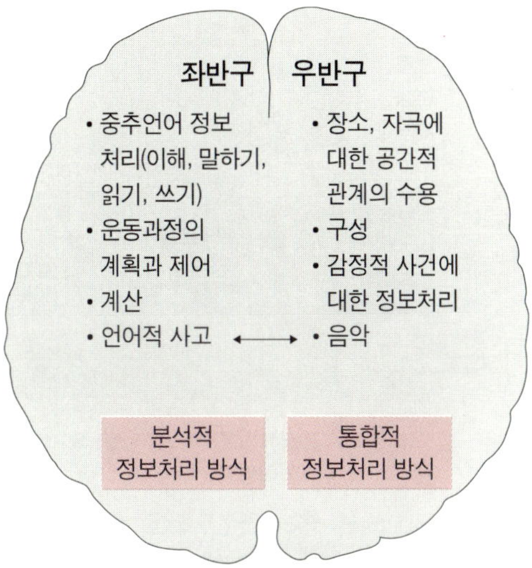

[그림 3-5] 대뇌반구의 특성화(Benke et al., 1988)

반구의 특성화 혹은 고등 뇌기능의 편재화(lateralization)란 말을 사용하고 있다. 각 대뇌반구에 해당하는 기능에 대한 대략적 개요를 [그림 3-5]에 표시하였다.

대뇌반구와 관련된 이러한 대략적 분류 이외에 대뇌겉질의 특정 부위가 특정 과제와 관련되며, 이 관계가 특별히 중요하다고 할 수 있다([그림 3-6]).

중심고랑(central sulcus)을 따라서 다음과 같이 구분된다.

- 중심앞이랑(precentral gyrus)에는 일차운동겉질(primary motor cortex)이 있다. 이 영역은 자의적 운동을 조절한다.
- 중심뒤이랑(postcentral gyrus)에는 일차감각겉질(primary sensory cortex)이 있다. 이 영역은 무엇보다 신체적 자극을 처리하며, 이는 물론 신체의 다른 쪽의 자극을 말한다.

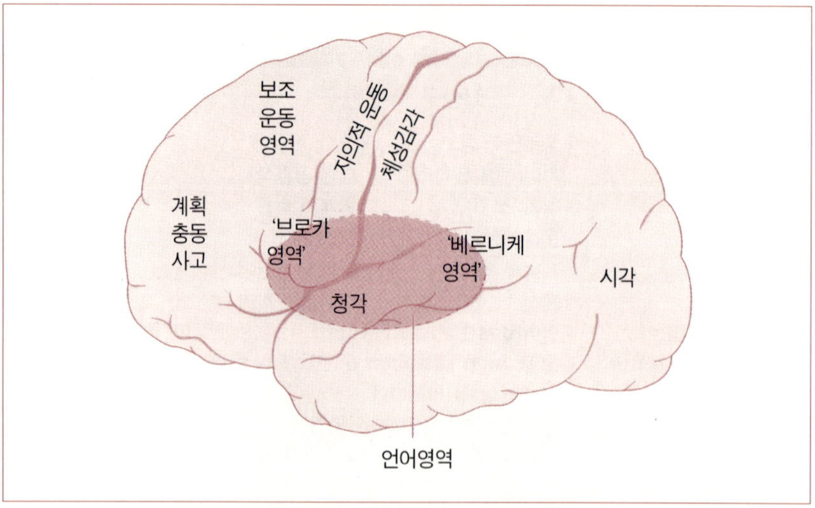

[그림 3-6] 뇌 기능에 따른 부위

뒤통수엽에서는 일차시각정보처리작업이 이루어지며, 관자엽의 일부분은 일차청각정보처리를 담당한다. 계획과 충동 그리고 사고는 뇌의 이마엽에서 이루어진다. 운동겉질 영역의 앞쪽에는 보조운동 영역(supplementary motor region)이 자리 잡고 있으며, 이 영역은 운동 활동력(motor activity)의 시작에 중요한 작용을 한다.

19세기 이후로 언어기능은 대뇌 좌반구가 담당한다고 보는 것이 일반적이다. 소위 **언어중추**는 일명 실비우스 틈새 주위(perisylvian) 영역이라고도 하는 가쪽고랑(lateral sulcus)에 자리 잡고 있으며, 여기에는 브로카 영역과 베르니케 영역이 포함되어 있다. 브로카 영역은 세 번째 이마이랑인 아래이마이랑(inferior frontal gyrus) 끝에 있으며, 베르니케 영역은 첫 번째 관자이랑인 위관자이랑(superior temporal gyrus)의 뒤 1/3 부분에 자리 잡고 있다. 관점에 따라서 모이랑(angular gyrus) 내지 실비우스 틈새 주위 영역 전체를 언어정보처리와 관계가 있다고 말하기도 하며, 명칭도 '언어중추'

(Huber et al., 1991:16), '언어중추들' 혹은 '언어 영역'(Poeck, 1994:134)과 같이 다양하다.

언어와 관계 있다고 주장되는 영역은 중간대뇌동맥에 의해 혈액이 공급되는 영역 내에 위치하고 있다.

3.2. 실어증의 원인

신고전주의 학설(보스턴 학파와 아헨 학파)은 실어증이 대뇌 좌반구 겉질의 일정 범위에 제한된 돌발적인 뇌 손상에 의해 나타난다고 주장한다.

돌발적으로 나타나는 가장 흔한 실어증의 원인으로는 **뇌졸중**(apoplexy)이 있다. 뇌졸중은 대부분 **대뇌 좌반구에서 발생한 허혈성 뇌경색**(cerebral ischemic infarction)으로 나타나며, 그 밖에도 뇌출혈(cerebral hemorrhage)과 거미막밑 출혈(subarachnoid hemorrhage)로 발생한다.

뇌경색은 뇌로 들어가는 동맥 혹은 뇌동맥 자체에서 나타나는 혈액순환장애(대뇌 허혈 cerebral ischemia)를 말한다. 이 경우에 조직 부위가 괴사한다. 혈액순환장애의 원인으로는 혈전증(thrombosis, 한 위치에서의 혈전형성)이나 색전증(embolism, 혈전물질의 이동)이 있다.

일명 영역뇌경색(territorial infarction)은 뇌동맥의 하나 또는 여러 개의 동맥가지를 통해 혈액이 공급되는 부위에 장애가 있는 경우이다. 일반적으로 실어증은 대뇌 좌반구의 중간대뇌동맥과 그 가지(특히, 중심앞고랑동맥과 뒤관자엽동맥)가 손상된 경우 발생한다.

실어증의 원인 가운데 65~80%를 차지하는 뇌졸중 이외에 실어증을 일으키는 다른 원인으로는 다음과 같은 것이 있다(Poeck, 1981:99).

- 뇌외상(trauma)
- 뇌종양(tumor)
- 위축(atrophy)
- 뇌염(encenphalitis)
- 퇴행광범위뇌질환

대부분의 이런 원인들은 돌발적으로 출현한다는 기준을 어느 정도까지 충족시키며, 또한 언급된 손상에 대한 기준을 어느 정도까지 충족시키는가에 대한 의문점이 있다. 따라서 뇌혈관장애가 원인이 된 뇌졸중으로 생긴 실어증만을 '순수한' 전형적인 실어증이라고 간주하는 것이 일반적이다. 외상으로 인한 실어증도 돌발적으로 발생하기 때문에 뇌혈관 원인으로 인한 실어증과 외상으로 인한 실어증 모두가 원형으로 간주된다. 실어증이 뇌졸중으로 야기된 경우가 아니라면 병인을 첨가하는 것이 유용하다(예를 들면, 외상으로 인한 실어증 혹은 치매성 실어증).

신고전주의적 관점에서는 병인 이외에 뇌 손상 부위가 무엇보다도 중요시 된다. 일반적으로 이해가 가능하고, 신고전주의의 협소한 시각에서 벗어나는 방향으로 실어증 개념이 발전하는 것처럼 보인다.

3.3. 증후군과 손상 부위

전형적인 뇌혈관장애로 발생한 실어증에 대해 신고전주의 학파는 "……언어지배적 대뇌반구에 있어서의 상이한 부위가 다양한 실어증 증후군에 [상응한다]" (Huber et al., 1989:107)라고 보는 입장이다. 손상 부위와 그 부

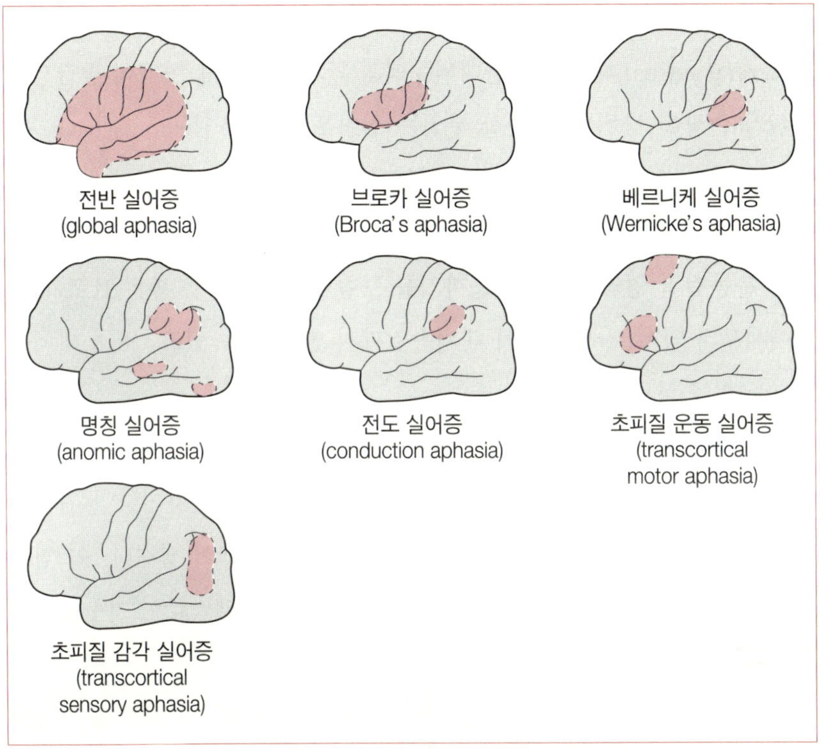

[그림 3-7] 신고전주의 학설의 증후군에 따른 위치

위에 따른 증후군의 관계([그림 3-7])에 대해서, 앞에서 언급한 증후군에 의거하여 고찰하고자 한다.

증후군의 손상 부위는 Helm-Estabrooks & Albert(1991:19-33), Hegde (1994:107-144), Huber et al.(1989) 그리고 Wallesch & Kertesz(1993)에 의거하여 기술하였으며, 손상에 대한 언급은 대뇌 좌반구에 한정된다.

깊은 백색질에까지 이르는 실비우스 틈새 주위 영역 전체의 광범위한 손상이 있는 경우 **전반 실어증**(global aphasia)이 나타난다. 전형적으로 중간대뇌동맥의 기본 줄기에 손상이 있으며, 따라서 중간대뇌동맥을 통한 혈액 공급 부위 전체가 손상된다.

브로카 실어증(Broca's aphasia)은 전형적으로 중심앞고랑동맥(artery of precentral sulcus) 내지는 중간대뇌동맥의 앞가지를 통해 혈액이 공급되는 부위가 손상된 경우이다. 손상 부위는 실비우스 틈새 위(suprasylvian) 영역과 롤란드 틈새 앞(prerolandic) 영역이며, 여기에 브로카 영역이 포함될 수 있으나 필연적인 것은 아니다. 일반적으로 손상은 상대적으로 크다. 손상은 운동겉질 영역의 아랫부분까지를 포함할 수 있으며, 혹은 브로카 영역에서부터 앞뇌(forebrain)의 대뇌속질까지 손상될 수 있고, 또는 대뇌섬(insula)이 손상될 수도 있다.

베르니케 실어증(Wernicke's aphasia)은 관자엽 부위의 손상으로 나타난다. 기본적으로 베르니케 영역으로 잘 알려진 첫 번째 관자이랑인 위관자이랑(superior temporal gyrus)의 뒤 1/3 부분이 손상되어 생긴다. 이 영역은 뒤관자엽동맥(posterior temporal artery)에 의해 혈액공급이 이루어지는 곳이다.

명칭 실어증(anomic aphasia)은 특정 부위로 분류하기가 가장 불분명한 유형이다. 롤란드 틈새 뒤쪽으로 관자엽 뒷부분이나 마루엽의 아랫부분에 손상을 보인다. 모이랑(angular gyrus)이나 마루엽과 관자엽의 경계 영역이 손상되는 경우도 있다.

전도 실어증(conduction aphasia)은 모서리위이랑(supramarginal gyrus) 영역이나 마루엽 아랫부분 내지는 모서리위이랑 아래의 백색질에 손상이 있는 경우 발생한다. 모서리위이랑 아래의 백색질은 베르니케 영역과 브로카 영역을 서로 연결하는 활꼴다발(arcuate fasciculus)에 해당된다.

초피질 운동 실어증(transcortical motor aphasia)은 전형적으로 두 곳의 손상 부위와 관계된다. 먼저 이마엽의 앞부분에서 브로카 영역에 이르는 부위에 손상이 있는 경우이며, 둘째는 보조운동겉질(supplementary motor cortex)에 손상이 있는 경우이다.

초피질 감각 실어증(transcortical sensory aphasia)은 베르니케 영역을 제외한 마루엽과 관자엽의 뒷부분의 손상과 관계가 있다. 이것은 뇌동맥측면에서 중간대뇌동맥(middle cerebral artery)과 뒤대뇌동맥(posterior cerebral artery)의 경계 영역이다.

증후군 접근법(아헨 학파)을 이해하기 위해서는 다음의 진술이 중요하다.

- "실어증 증후군은 (……) 사실 언어 영역에서 혈관의 혈액공급 분포에 따라 만들어 낸 것이다. 이것은 매우 유용한 것이다. [원문대로!] 즉, 혈관의 분포는 개인에 따른 변화가 거의 없으며, (……) 모든 실어증 환자의 80%에 해당되는 (허혈성 ischemic) 뇌졸중으로 인한 실어증 환자를 무리 없이 [원문대로!] 하위 그룹으로 분류하기에 무난하기 때문이다(Poeck, 1981:106f)."
- "나머지 20%는 뇌내출혈이나 뇌종양, 뇌농양, 외상으로 인한 환자이며, 혹은 확산적 염증을 일으키는 뇌질환이나 퇴행성 뇌질환을 가진 환자이다(Poeck, 1981:99)."

3.4. 신고전주의 관점의 문제점

증후군 관점의 기본 가설(오른손잡이 경우)은 그 논리가 매우 간단하며, 표면적으로 쉽게 이해될 수 있다. 대뇌 좌반구의 겉질에 언어 영역이 있으며, 이 언어 영역이 물리적으로 손상을 받으면 실어증이 나타나고, 손상 부위에 따라서 특정 증후군으로 분류된다. 이 관점은 원래 위치를 정할 수 있는 (언어)영역과 각 영역의 연결에서 출발하고 있기 때문에 이를 국재설(localizationism) 혹은 연결주의(connectionism)라고 부르기도 한다.

연결주의 관점은 처음부터 많은 비판을 받았다(Tesak, 2005a 참조). 특히 **전체론**(holism)은 뇌를 전체로서 관찰해야 하며, 각각의 능력에 따라 뇌에서 정확히 위치를 정하는 것은 불가능하다는 것을 재차 강조하고 있다. 광범위하고 흥미로운 이 논쟁을 계속하지 않고도 현재 신고전주의의 증후군 관점의 타당성이 매우 축소된다는 결과가 다음에서 증명될 수 있다.

증후군의 이질성과 필수적 자질의 불명확성 그리고 개개 증상의 부정확성과 같은 이미 언급한 이유로 인해 일차적으로 행동 측면과 관련된 개인별 증후군 관점이 필연적으로 대두된다. 신경학적 관점에서 보다 구체적으로 살펴본다면 신고전주의 관점은 더 많은 문제점을 보인다.

오른손잡이의 경우 대뇌 좌반구 손상이 대뇌 우반구 손상보다 훨씬 빈번히 실어증 증상을 초래한다는 사실에는 이론의 여지가 없다(Russel & Espir, 1961; Kimura, 1983; Lecours et al., 1983). 물론 오른손잡이인 사람이 대뇌 우반구 손상으로 인해 일명 **교차 실어증**(crossed aphasia)을 보일 수도 있다(Coppens & Robey, 1992). 실어증 증상 형태가 분명하고 뚜렷하게 나타나는 경우 교차 실어증이라고 한다. 순수한 실어증 증상과 유사하지만, 실어증처럼 전형적으로 뚜렷한 증상을 보이지 않는 언어장애가 대뇌 우반구 손상으로 인해 나타날 수 있기 때문에 이와 같은 제약을 두는 것은 중요하다(Caplan, 1987:355ff).

Lecours et al.(1985)은 언어 영역이 (위에서 언급한 바와 같이) 대뇌 좌반구에 자리 잡고 있다는 가정을 제한하고 있으며, 전 인류의 3/4은 **언어가 양쪽이나 오른쪽에 편재되어** 있기 때문에 이 가정을 모든 사람에게 적용시킬 수는 없다고 보는 입장이다. **예외로는** 아동과 왼손잡이, 문맹자, 다중언어자, 성조언어 사용자, 알파벳이 아닌 다른 문자를 쓰는 사람을 들 수 있다. 위에 열거한 집단의 실어증 환자들은 ('상응하는' 병인에도 불구하고) 고전주의 관점에서 말하는 것과 다른 현상을 자주 보인다. 즉, 대뇌 우반구 손상으로 인한 실어증 환자가 더 많으며, 비전형적인 증상결합을 보이고, 교과서적으로 온전한 언어 영역에도 불구하고 실어증 증상 및 이와 유사한 여러 현상들이 많이 나타난다.

정형화된 증후군에 대한 연구들은 **증후군과 손상의 관계가 사실이라기보다는 오히려 희망사항**이라는 것을 명확히 보여 준다.

- De Bleser(1988:182)는 전산단층조영술(computerized tomography: CT)을 통해 46명의 실어증 환자를 조사하여 놀라운 결과를 얻었다. 즉, "증후군과 손상 부위 사이에는 예외 없이 아무런 상관관계가 성립하지 않았다. 브로카 실어증에서와 같은 몇 가지 경우에는 예상된 정도의 예외가 있었다(저자 번역)."
- Caplan & Vanier(1990)도 유사한 방법으로 실문법증이 있는 20명의 브로카 실어증 환자를 대상으로 위와 유사한 연구 결과를 얻었으며, CT에 나타난 손상 부위에 큰 차이가 있음을 보여 준다. 즉, 지금까지 브로카 실어증과 관계가 없다고 생각했던 대뇌섬과 활꼴다발(arcuate fasciculus) 혹은 두 영역 모두에서 언어 영역 전체를 포함하는 실비우스 틈새 주위의 광범위한 손상이 발견되었다.
- 손상과 증후군이라는 분명한 분류에 반대하여, "기술된 각각의 대뇌 외상은 언어능력의 완전한 회복과 일치한다(Wallesch, 1988:167)."라는 보고도 있다. 예를 들어, 언어 영역의 손상에도 불구하고 실어증을 보이지 않는 세 명의 오른손잡이 환자에 대한 보고가 Basso et al.(1985)에 잘 나타나 있다.

CT에서 보이는 괴사된 조직뿐만 아니라 신진대사의 변화나 대뇌의 영역별 혈액순환의 변화 내지는 그 일부를 증명할 수 있는 **영상 검사법**을 이용한 연구 결과들이 상태를 복잡하게 만든다. 즉, PET(양전자방출단층촬영

positron emission tomograph)와 SPECT(단일광자방출단층촬영 single photon emission computerized tomography)와 같은 방법을 이용해 뇌의 활동을 어느 정도 '시각화' 할 수 있다.

PET 연구에서 보인 것과 같이, (CT에서도 볼 수 있는 것처럼) 특정 부위의 손상은 건강한 사람의 뇌와 비교해 볼 때 완전히 다른, 종종 멀리 떨어져 있는 뇌의 부위에서도 신진대사의 변화를 초래할 수 있다(Metter, 1995 참조). 대뇌 좌반구 손상이 있는 실어증 환자에서도 우반구 영역의 변화된 활동 형태를 볼 수 있다. 뇌 손상이 해부학적으로 온전한 뇌의 다른 영역에 영향을 미친다는 사실은 고전주의 학설과 같은 해부학 내지는 해부학적 부분적 손상에 기초를 둔 이론에 적용시키기가 매우 어렵다.

위에서 언급한 문제와 결과는 대뇌 좌반구의 특정 겉질 영역에 있다고 하는 언어중추 내지는 언어 영역에 대해 의문을 갖게 한다. 언어중추에 대한 가설은 일반적으로 실어증 연구를 통해 지지되고 있다. 즉, 뇌의 특정 영역 손상이 실제로 일정하게 언어장애를 불러일으킨다면, 손상된 영역이 언어정보처리에 중요하다고 생각할 수 있다.

겉질상의 언어중추를 가정할 때 생기는 문제점은 이미 명백히 증명된 것처럼 겉질밑 손상도 '겉질' 증상과 같은 언어장애를 초래할 수 있다는 점이다. Helm-Estabrooks & Albert(1991)는 일곱 가지의 '겉질' 증후군 이외에 이미 네 가지의 '겉질밑' 실어증 증후군을 언급하고 있다. 그 손상 부위는 바닥핵(basal ganglia), 시상(thalamus) 그리고 시상하부(hypothalamus)이며, 그 증상군은 때때로 겉질 실어증과 유사할 수 있다(Crosson, 1992). 이 점은 손상된 겉질밑구조가 앞에서 기술한 원거리 영향관계와 유사하게 그 위에 위치하고 있거나, 그와 연결된 겉질구조에 간접적으로 영향을 미칠 수 있는지에 대한 의문점을 남긴다(Caplan, 1987:370-402 참조).

또 다른 주요한 사실은 실어증이 시간이 지남에 따라 변한다는 것이다.

급성기 실어증(acute aphasia)을 만성기 실어증(chronic aphasia)과 구분하는 것은 별로 문제되지 않는다. 급성기 실어증에서는 분명한 증후군이 관찰되지 않고 급속한 증상의 변화가 나타나며, 만성기 실어증에서 비로소 증후군과 안정된 증상 상태가 나타난다. 신경학적 문제에 변화가 없는 상태에서 증상들이 다른 증후군으로 분류될 수밖에 없을 정도로 강하게 변하는 **증후군 변화** 현상(Leischner, 1987:127-132)이 더 큰 의미를 갖는다. 이 점은 증후군과 손상과의 관계를 통계적으로 해석하는 고전주의 학설에 부합되기는 어렵다.

전체적으로 현재는 신고전주의적 증후군 관점과 그 영향을 매우 회의적으로 생각해야만 한다. 증후군과 그와 관련된 가설이 여전히 사용되고 있으나, 이는 실어증 연구의 현 상태에서는 적합하지 않다.

3.5. 뇌에서의 언어정보처리

뇌에서의 언어정보처리를 실어증의 관점에서만 고찰하고자 한다면 기본토대가 되는 다양한 결과들을 고려해야 한다.

- 뇌의 특정 영역(특히, 대뇌 좌반구의 실비우스 틈새 주위 영역)의 손상이 다른 영역의 손상보다 통계적으로 실어증을 더 빈번히 일으킨다는 것은 사실이다. 그러나 대뇌 좌반구 손상과 실어증이라는 일반적 분류에서 특정 뇌 손상과 그로 기인된 실어증 증상이나 증후군 간에 어떤 분명한 관계가 있는지는 알 수 없다.
- 신경학적 기술과 언어학적 기술이 서로 일치하지 않으며, 일반적으로 언어학적 기술이 좀 더 정확하다. Goodglass(1993)가 약간 비관적으

로 생각한 것처럼, 증상과 손상 부위의 관계에 어느 정도의 개연성이 있기를 바랄 뿐이다.

- 또 다른 주요 결과 중의 하나는 예를 들어 겉질밑 영역 혹은 보조운동 겉질(supplementary motor cortex)과 같은 언어 영역 밖의 뇌의 다른 많은 부분의 손상이 실어증 내지 실어증 증상을 야기할 수 있다는 것이다.

Helm-Estabrooks & Albert(1991), Caplan(1987)과 Metter(1995)에 의거해 언어정보처리와 뇌와 실어증의 관계를 다음과 같이 정리할 수 있다.

- 뇌에서의 언어정보처리는 다면적이며 복합적이고 서로 교차하는 체계 속에서 이루어진다.
- 이 체계는 두 대뇌반구의 겉질구조와 겉질밑구조를 포함하며, 세분화되어 병렬적으로 정보처리를 하는 네트워크의 토대이다.
- 이 네트워크는 일반적으로 '고전적 언어 영역'에서 특히 많은 부분을 차지하고 있고, 오류도 보이고 있으나, 이는 단지 그 부위에만 국한된 것은 아니다.
- 네트워크나 언어정보처리과정은 발생학적 요소와 개인적 오류로 인하여 실질적으로 서로 다르게 나타날 수 있다.
- 이러한 시나리오는 실비우스 틈새 주위 영역의 손상이 실어증을 자주 발생시키는 이유와 언어 영역 밖의 다른 영역이 실어증을 발생시키는 이유 그리고 관계된 주요 영역의 손상에도 불구하고 지속적인 실어증 증상을 보이지 않는 이유에 대해 설명할 수 있다.

3.6. 길라잡이

여러 가지 이유에서 실어증 개념을 보다 폭넓게 규정하는 것이 타당할 것으로 보인다. 즉, 실어증은 뇌 손상으로 인해 성인에게 나타나는 언어장애이며, 다양한 병인이 포함될 수 있어야만 할 것이다. 예를 들어, 뇌혈관 원인에 국한된 극도의 협소한 정의를 설정할 필요는 없어 보인다.

형태학적 검사법과 영상 검사법을 이용한 연구에 대한 언어와 관련된 유용한 개요는 Kessler et al.(2003:44-49)에서 찾아볼 수 있다.

전체적으로 "증후군 관점의 핵심 주장과 실어증 증상의 초양상 내지는 다중양상 그리고 신경해부학적으로 손상 부위를 정하는 것과 실어증 증후군의 신경언어학적 동질성은 …… 실험적 연구를 통해 증명될 수 없었다." 라는 De Bleser et al.(2004:4)의 결과에 동의할 수 있을 것이다.

위의 사실로부터 한편으로 개인별 능력 프로필을 만들어 내는 개인별 증후군의 관점과, 또 다른 한편으로는 실어증 능력을 모델에 의거해 차별적으로 이해해야 된다는 결론을 내릴 수 있다.

제4장

정상적인 언어정보처리와 실어증 환자의 언어정보처리

For the present, [⋯] knowledge of brain function in respect of language is currently so limited that psycholinguistic theory does not yet need to take into consideration any possible neurological, as distinct from cognitive neuropsychological, constraints.

현재로서는 (……) 언어와 관련된 두뇌 기능에 대한 지식은 아직 제한적이어서, 심리언어학적 이론에서 인지신경심리학적 제약과는 다른 어떤 가능한 신경학적 제약들이 고려될 필요가 아직 없다.

Lesser & Milroy, 1993:55

Models serve to guide our understanding of patterns of performance by aphasic individuals.

모델은 개별 실어증 환자에 의한 언어수행 유형을 우리가 이해할 수 있도록 안내해 주는 기능을 한다.

Hillis, 1994:209

제4장 정상적인 언어정보처리와 실어증 환자의 언어정보처리

실어증은 기본적으로 언어정보처리에 근본적인 문제가 있다는 가정에서 심리언어학 지향의 실어증 연구는 실어증 환자의 언어정보처리를 정상인의 언어정보처리와의 비교를 통해 이해하려고 한다(Caplan, 1987:33; Blanken, 1988).

논의의 출발점은 심리언어학과 인지신경심리학에서 전형적으로 신경세포적인 기초와 관련 없이 세워진 **언어정보처리 모형**들이다. 이 모델들은 실어증 환자의 언어학적 증상군을 이해하기 위한 관련 틀을 이룰 뿐만 아니라 증상 지향적, 모델 지향적 진단자료 및 치료자료에 대한 토대가 되기도 한다(예를 들어, Blanken, 1999; Blanken et al., 1999; De Bleser et al., 2004).

이와 같은 논의에는 다음과 같은 두 가지 가정이 밑바탕에 깔려 있다(Caramazza, 1984).

- **분할 가정:** 뇌 손상은 언어정보처리의 하위체계(모듈, 구성부분)를 선택적으로 손상시킬 수 있다.
- **투명성 가정:** 남아 있는 능력은 손상받지 않은 하위체계의 기능을 반영하는데, 이를 통해 어느 하위체계 혹은 어느 모듈에 장애가 있는지 알게 해 준다.

정상적인 기능과 병리적인 기능 사이에는 규칙적인 연관성이 있다고 추정된다. 이 점에 비추어 우리는 정상적인 언어정보처리 모델들을 철저하게 숙지한 다음, 병리적인 기능을 그와 연관지을 수 있어야 한다. 다음에서는 심리언어학적 모델 형성의 기본적인 양상들을 소개하게 될 것이다.

4.1. 심리언어학적 모델

인간의 언어정보처리를 모델화할 때에 원칙적으로 두 가지 유형의 모델, 즉 연속 모델(serial model)과 상호작용 모델(interactive model)이 구분된다.

4.1.1. 연속 모델

연속 모델에서는 언어정보처리를 처리단계의 연속적인 배열로서 해석한다. 도식적으로 기술하는 형식으로는 일반적으로 절차도가 사용된다.

이와 관련해서 사람들은 기능적인 구성이라고도 말한다. 아주 단순한 연속 모델에서는 언어 산출이 세 가지 구성부분의 연속으로 기술된다([그림 4-1]). 즉, 첫 번째 구성부분에서는 **발화의도**가 생성되는데, 이 발화의도는 **언어정보처리**의 구성부분에서 언어화되며, 최종적으로 **조음** 구성부분에서 변환된다.

이 모델에서는 실어증 환자의 언어 산출이 기능적으로 어느 부분과 관련이 있는지 알 수 있다. 즉, 언어정보처리의 구성부분에서 이루어짐을 알 수 있다. 정의에 따르면, 실어증 환자는 정상적인 발화의도를 생성할 수는 있지만, 언어정보처리의 구성부분에서 올바르게 변환할 수 없다. 그러나

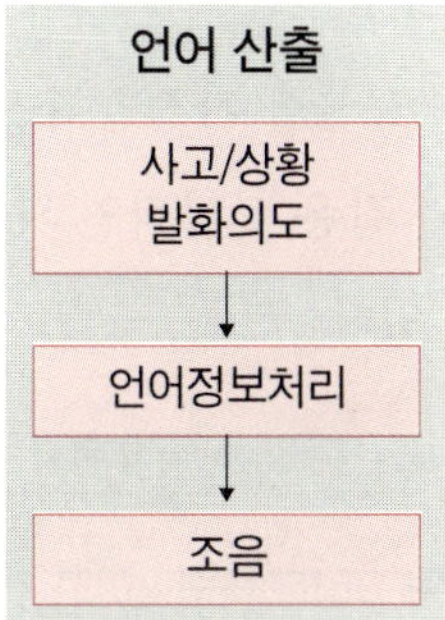

[그림 4-1] 언어 산출의 기본 모델

조음 그 자체는 실어증 환자의 경우 정상적이다.

연속 모델은 **조합성**(modularity)이라는 개념과 밀접하게 연결되어 있다. 이 개념은 다양한 학문 영역(언어학, 심리학, 신경심리학)에서 사용되고 그에 따라 서로 다르게 정의된다. 정의의 공통적인 핵심은 다음과 같다.

> 특정 과제는 특별히 그것을 담당하는 체계에 의해 외부로부터 영향을 받지 않고 독자적으로 수행된다. 그래서 **독자적인 모델**이라고도 말한다.

Caplan(1992:8)은 이러한 종류의 모델화에서 볼 수 있는 본질적인 측면 몇 가지를 다음과 같이 요약하여 제시한다.

- 각각의 구성부분들은 전체 체계 내에서 아주 특화된 특정한 과제를 수행한다.
- 각 구성부분들은 특정 입력이 도착하면 자동적으로 실행되어 특정한 출력을 생성해 내는데, 이 출력이 다음 구성부분에 전달된다.
- 정보의 흐름은 오직 한 방향으로만 가능하다.
- 각 구성부분들은 극도로 빠르게 작동함에도 불구하고 오류를 보이는 경우는 거의 없다.

언어는 전체로서 하나의 모듈로 간주되거나(Fodor, 1983), 혹은 언어정보처리 내에서 몇 개의 (하위)모듈을 가정할 수도 있다(Caplan, 1992). 읽기나 쓰기, 이해 혹은 말하기와 같은 복합적인 과제는 여러 가지 정보처리의 구성부분(모듈)으로 나뉠 수 있다.

모듈의 특성은 전문화, 빠른 속도 그리고 독립적이고 자동적인 진행 등이다.

인간의 언어 산출이 얼마나 빨리 그리고 무의식적으로 일어나는가를 생각한다면, 모듈이 언어 산출에 관여한다는 사실을 받아들일 수 있다. 실어증을 심리언어학적으로 고찰할 경우, 많은 실어증 증상들이 정상적인 언어정보처리, 말하자면 자동적인 언어정보처리 프로세스에 장애를 입어 발생한다고 본다.

4.1.2. 상호작용 모델

언어 산출을 모델화하는 또 다른 접근법은 **연결주의 모델**(connectionist model)이라고도 불리는 상호작용 모델이다(Schade, 1992; Dijkstra & de Smedt, 1996b). 이 모델을 신경학의 연결주의 모델과 혼동해서는 안 된다. 언어정보처리에 있어 상호작용 모델의 본질적인 특징은 Blanken(1991b:9)에 따라 다음과 같이 정리될 수 있다.

- 언어정보처리는 교점과 연결선으로 이루어져 있는 것이 특징인 **네트워크**에서 일어난다.
- 네트워크는 특정한 언어학적 층위 혹은 모듈에 해당한다.
- 네트워크는 **계층화**되어 있다.

- 네트워크는 **병렬적으로 활성화될 수** 있다. 즉, 활성화는 한 층위에서 다른 층위의 단위로 확장되고, 이 단위는 그런 다음 동시에 활성화된다.
- 서로 인접한 층위들은 상호작용하여 **정보의 흐름이 양방향으로** 일어난다.
- 활성화는 연결선과 교점들을 통하여 모든 방향으로 확산된다(**활성화 확산, spreading activation**).
- 교점들은 점진적으로 활성화될 수 있다. 즉, 특정한 활성화 수준(임계값)에 도달한 다음에야 비로소 해당 교점이 '점화되어 활성화되고' 이 활성화를 다음 교점에 전달한다.
- 교점들 사이에는 **억제**(활성화의 억제)도 있을 수 있다. 이는 인접한 교점들 사이에서 교점들 중 하나가 '점화되어 활성화' 될 때에 일어난다.
- 호출에 필요한 교점의 활성화는 서로 다를 수 있다.
- 활성화는 한시적으로만 일어나고 일정 시간이 지나면 사라져서, 새로운 활성화가 일어날 수 있게 한다.

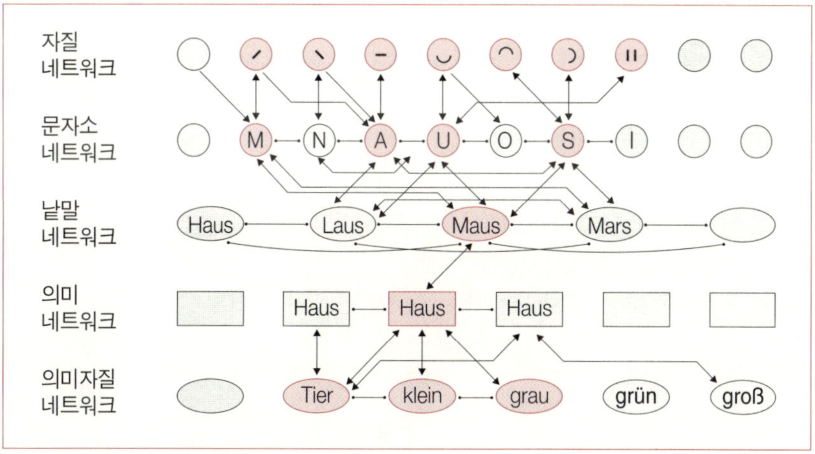

[그림 4-2] 네트워크 모델의 단면(McClelland & Rumelhart, 1981)

[그림 4-2]는 상호작용 모델의 한 예인데, 낱말의 읽기(와 이해)를 위한 네트워크의 한 단면을 보여 주고 있다. 시각적 자질망에서 출발하여 문자소가 활성화되는데, 이 문자소는 특정한 낱말을 활성화시키고, 이는 다시 의미 네트워크에 있는 기재항을 활성화시키게 되며, 다시 이것이 의미자질을 활성화시키게 된다. 비어 있는 상태로 표기된 것은 억제를 나타낸다.

4.1.3. 혼합 형태

비록 연속 모델과 병렬적으로 처리하는 상호작용 모델이 종종 대립적으로 개념화되고 매우 논쟁적으로 토론되지만, 두 모델은 전반적으로 서로 상통하는 면이 있으며(Levelt, 1989), 심지어 혼합된 형태로 **통합 모델**로서 나타날 수도 있다. 실어증 연구에서는 상호작용 모델보다도 연속 모델이 더 자주 사용되지만(Blanken, 1991b), 상호작용 모델의 의미가 점점 더 커지고 있다(Schade, 1992). 다음 장에서 할 논의의 출발점은 원칙적으로는 계속 연속 모델이다. 그러나 논의의 중간중간 상호작용적 측면을 보완하여

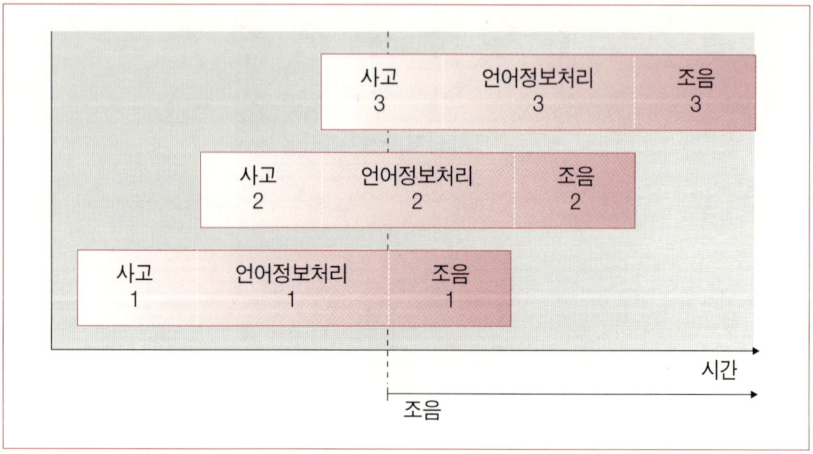

[그림 4-3] 언어 산출에서의 병렬적 처리

논의가 이루어질 것이다.

병렬적 처리라는 아이디어가 넓은 공감대를 형성하고 있다는 점은 특히 다음 두 가지 사항과 밀접한 관련이 있다. 우선 언어정보처리에 있어서 일반적으로 병렬적 진행으로부터 논의가 시작되어야 한다는 점이고, 또 순수한 연속 모델로는 설명될 수 없는 (예를 들면, 문맥효과와 같은) 다수의 실험적 증거가 존재한다는 점이다.

[그림 4-3]은 특정한 순간에 언어 산출의 다양한 구성부분들(구상, 언어정보처리, 조음)이 병렬적으로 활성화되어 있는 상황을 도식적으로 나타낸 것이다.

4.1.4. 문맥효과

많은 영역에서 나타나는 문맥효과를 더 잘 기술할 수 있기 위해서는 심리언어학에서 흔히 사용되는 두 가지 개념, 즉 '상향식(bottom-up)' 과 '하향식(top-down)' 이라는 개념이 도움이 된다.

- **상향식 정보처리**에서는 모든 정보처리단계가 자료 내지는 신호에 의해 스스로 조정된다. 예를 들어, 낱말을 읽을 때에는 철자 하나하나가 낱말 끝까지 인식될 것이고, 그런 다음 철자연속체 전체가 일치하는 기재항이 발견될 때까지 어휘부에 있는 기재항들과 비교된다.
- **하향식 정보처리**에서는 신호정보를 처리하기 위해서 가능한 한 모든 지식구성요소들(상위 정보처리 층위, 세계관, 기대치 등)이 각각의 역할을 한다.

예를 들어, 언어 이해를 생각해 보면 우리는 신호정보만으로는(말하자면, 순수한 상향식으로는) 발화나 낱말의 해석을 전혀 할 수 없지만, 하향식 프로세스로 목표(이해)에 도달하는 것은 충분히 가능하다. 설명을 위하여

Dijkstra & Kempen(1993:41)의 예를 들어 보자. 즉, 술에 취한 한 사람이 누군가에게 "Hammse ne schigarette fir misch?"라고 말했다고 하자.[1] 원칙적으로 말해서 순수하게 신호로만 판단한다면 우리는 아무것도 이해할 수 없을 테지만, 그럼에도 불구하고 문맥에 근거해서 이 말이 무슨 말인지 알아차릴 수 있다.

이와 유사한 방법으로 상향식 정보처리의 예를 다시 살펴보면, 개별 철자들이 낱말로 나타나는 경우가 해당 언어의 낱말이 아닌 철자 연쇄체로 나타나는 경우보다 더 빨리 인식될 수 있다(Harley, 1995:67). 상향식 방법에서처럼 철자 인식이 낱말 인식을 완전히 선행한다고 한다면, 이는 달리 나타나야 할 것이다.

어떻게 문맥효과를 정확히 모델화할 수 있을 것인가 하는 질문에 대한 논의는 여전히 진행 중이다(Harley, 1995). 분명한 사실은 하향식 프로세스 내지는 상호작용적 측면이 언어정보처리에 존재한다는 점이다.

4.1.5. 심리언어학적 모델의 강점과 약점

실어증에 대한 심리언어학적인 고찰, 즉 기본적으로 모듈 지향적인 고찰은 결과적으로 증상 지향적이고 단순화된 시각을 초래하게 된다. 즉, 이러한 시각은 의사소통 관점을 배제하며, 실어증으로 인한 심리사회적 문제를 간과하고 있다. 뿐만 아니라 이러한 관점은 보상과 반응 그리고 기능체계의 재구성을 통합하기에 큰 어려움을 가져올 수 있다(Goldstein, 1984).

1) 원래 이 말을 정상적인 사람이 말했다면 "Haben Sie eine Zigarette für mich?" (담배 한 대 빌려주시겠습니까?)가 될 것이다. 본문에 제시된 "Hammse ne schigarette fir misch?"는 술에 취한 사람이 위에 제시한 말을 한 것이므로, 우리말로 하면 "담미 안 되 밀려 줘시겠습미까?" 정도가 될 것이다.

뇌 손상에 대한 반응으로서 긍정적인 증상과 부정적인 증상이 존재한다는 Jackson(1874)의 입장에서 보면, 논리적으로 부정적인 증상들(결손의 직접적인 결과)만 기술이 가능하다. 보상(아직 남아 있는 능력의 비정상적인 사용 등)과 같은 **긍정적인 증상**들은 심리언어학적 모델에 국한되어서는 쉽게 해석될 수 없다.

그럼에도 불구하고 우리는 심리언어학적 관점에서 정확하게 문제를 제기할 수 있고, 실어증 증상에 대해 더 잘 이해할 수 있다(Lesser & Milroy, 1993).

그뿐만 아니라 모델기반 방법론의 장점은 **모델을 기초로 진단**할 수 있다는 점인데(Kay et al., 1992; Blanken, 1996; De Bleser et al., 2004), 이를 통해 **기능적 장애** 내지는 손상된 경로에 대한 정확한 정보를 얻을 수 있다(Reitz, 1994:109-195). 이는 또 다시 정확한 치료적 중재 가능성을 열어 준다(Kotten, 1991). 치료적 지원도 그들의 효과에 따라 모델화될 수 있다(Kotten, 1991:393-394).

4.2. 개별 낱말의 처리

다음에는 우선 정상인들의 개별 낱말 처리를 로고젠 모델(Logogen model)에 비추어 소개한다. 이는 실어증을 심리언어학적으로 모델화해서 의미 있게 적용한 대표적인 사례이기 때문에 특별한 의미를 가지고 있다(Blanken, 1988; De Bleser et al., 2004). 우선 정상적인 정보처리를 살펴보고, 이어서 실어증 환자의 개별 낱말 처리에 대해 논의할 것이다.

4.2.1. 로고젠 모델

로고젠 모델은 낱말 층위에서의 다중양상적 언어정보처리 모델, 즉 **개별 낱말 처리** 모델이다.

하나의 형태소로 이루어진 독립적인 내용어의 정보처리를 고찰하는 데에서부터 접근이 시작되어야 할 것이다. 논의의 출발점은 상대적으로 독립적인 정보처리 경로가 존재한다는 가정인데, 이 경로들은 소위 **흐름도 모델**(flow diagram model)에서 도식적으로 기술된다. 이 모델은 분석체계와 저장소 그리고 정보전달을 위한 통로로 이루어져 있다. 언어정보의 처리는 주로 연속적 방법으로 다양한 층위에서 이루어진다. 즉, 분절 층위(음소, 문자소, 말소리, 철자)와 어휘 층위(낱말 형태) 그리고 의미 층위(낱말 의미)에서 이루어진다.

낱말은 표현면과 내용면을 가지고 있지만, 표현면은 이해하기, 말하기, 읽기, 쓰기라는 네 가지의 양상에 맞게 더 세분된다는 것이 논의의 출발점

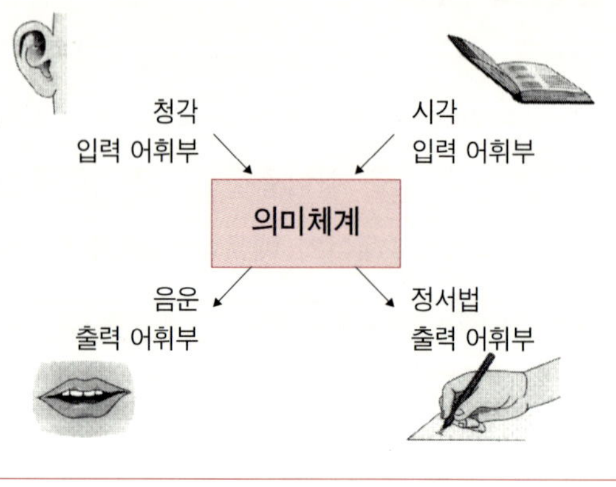

[그림 4-4] 로고젠 기본 모델(Lesser & Milroy, 1993)

이다. 각 양상에 대하여 고유의 어휘부가 설정되고, 각 어휘부들은 해당 기재항들을 포함하고 있다. 이 모델의 핵심은 의미체계이다. [그림 4-4]에 이 모델의 기본 구조가 제시되어 있다.

완전한 모델은 [그림 4-5]에 기술되어 있는데, 그에 대한 자세한 설명은 아래에 제시할 것이다. (이 그림을 여러 장 복사해 두고 설명과 함께 보는 것이 좋다.)

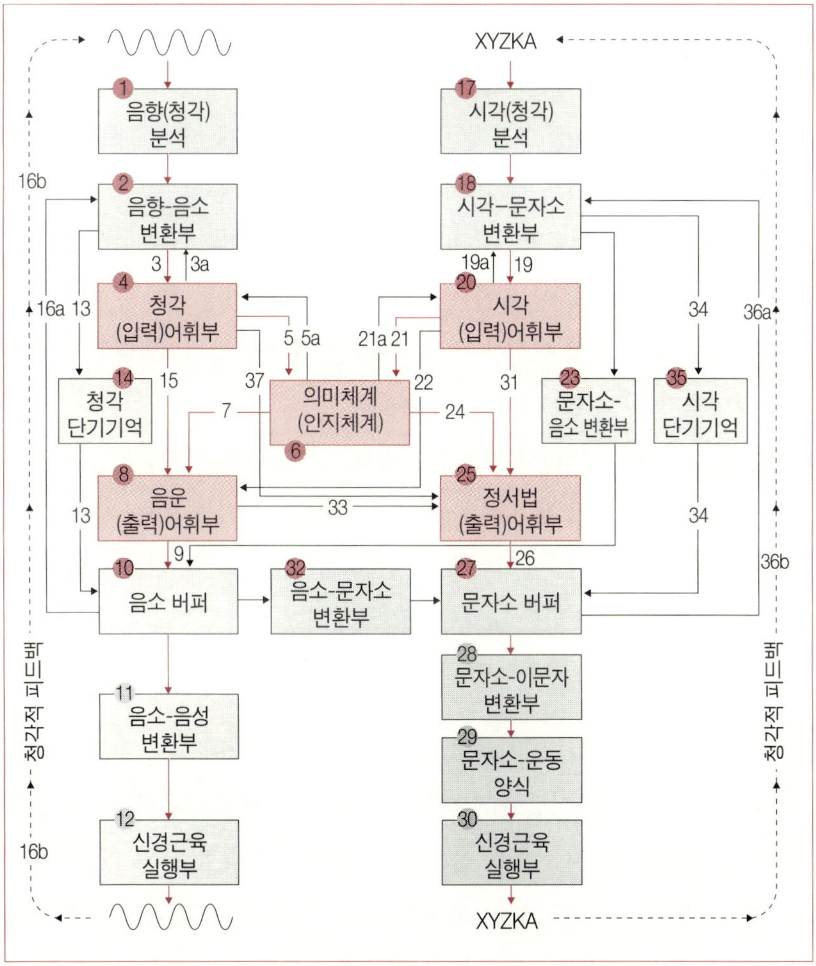

[그림 4-5] 로고젠 모델

(1) 낱말과 비낱말의 이해

우리가 들은 낱말(내용어)을 인식하고 이해할 때 낱말의 이해가 어떠한 과정을 통해 이루어지는가를 우선 기술하기로 한다.

- **음향 분석체계** (1)이 언어관련 정보(말소리)를 추출한다. 이 체계는 상대적으로 유연한데, 그 이유는 이 체계가 다양한 발화속도와 강세 그리고 방해가 되는 주변소음을 감안해 처리해야 하기 때문이다. 추출된 말소리는 그 다음의 **음향-음소 변환부** (2)에서 음소로 변환된다. 거기에서부터 음소 연결체는 경로 (3)을 거쳐 모든 낱말 형태들이 저장되어 있는 **청각 입력 어휘부** (4)로 보내진다. 음향-음소 변환부에서 생성된 음소 연결체는 비교 프로세스에서 청각 입력 어휘부의 기재항과 비교된다. 이 과정은 해당 기재항이 발견될 때까지 계속된다. 중요한 것은 입력 어휘부로부터 해당 기재항이 발견되었다는 신호만 보내진다는 것이다.
- 다음 단계에 이르러서야 비로소 경로 (5)를 거쳐 해당 낱말의미가 **의미체계** (6)에서 조향되고 호출된다. 의미체계에서는 모든 낱말의미들이 표상되어 있다. 의미체계는 의미적으로 유사한 개념들이 서로 인접하여 조직되어 있는 네트워크로 구성되어 있다고 가정된다. 의미체계에서 기재항이 발견되면 낱말이 인식되고 이해된 것이다.

연결선 (3a)와 (5a)가 암시하고 있는 것은 상황에 따라서는 정보의 흐름이 반대방향으로 이루어질 수 있다는 것이다. 한편으로는 음향-음소 변환 내지는 음소인식이, 예를 들어 음소 /t/가 확인되어야 할 경우, /t/가 낱말이 아닌 (비낱말) 말소리 연결체로 나타날 때 빨리 이루어진다는 실험적 증거가 있다. 다른 한편으로는 의미 어휘부에서 의미가 먼저 활성화되어 있으면 청각 입력 어휘부에 있는 기재항의 호출이 쉽게 이루어진다는 점을 제시할 수 있다. 예를 들어, 우리가 낱말 혹은 비낱말로서 말소리 연결체를 알아내야 한다면(낱말결정실험 lexical decision task), [ˈhuːt]를 일정 시간이 지난 다음 /huːt/ 〈HUT〉라고 알아볼 것이다. 그러나 이 낱말에 앞서 먼저 [ˈmʏtsə]를 판단하게 한다면, 피실험자는 의미적으로 유사하지 않은 이전의 과제에 비하여 약간 빠르게 [ˈhuːt]를 인식할 것이다.[2)]

(2) 낱말 산출

구어 낱말의 산출 시 출발점은 **의미체계** (6)이다. 거기에서 발화될 의미가 선택된다. 경로 (7)을 거쳐 **음운 출력 어휘부** (8)에 있는 해당 기재항이 조향된다. 이 기재항은 경로 (9)를 거쳐 **음소 버퍼** (10)으로 보내지게 되는데, 거기에서 음소들이 선형적으로 배열되어 임시로 저장된다. 거기에서부터 **음소-음성 변환부** (11)을 거쳐 최종적으로 **신경근육 실행부** (12)가 조향된다.

음소-음성 변환부에서는 특정 음소에 대하여 적절한 말소리 실현을 찾는 일을 담당한다. 음소들은 항상 동일한 말소리 계획도로 자동적으로 변환되지 않는다. 즉, 사람들이 매우 빠르게 말하거나, 흥분되어 있거나 혹은 귓속말을 하는 경우 상이하게 실현된다는 것을 인식해야 한다.

낱말과 비낱말 따라 말하기

이미 소개한 모델을 가지고 우리는 이제 모델에 맞게 낱말 따라 말하기를 기술할 수 있다. 즉, 음향 분석과 음향-음소 변환부를 거치고, 청각 입력 어휘부와 의미체계, 음운 출력 어휘부와 음소 버퍼를 거친 다음, 최종적으로 실제적인 산출에 이르게 된다. 이 과정의 근저에는 우리가 따라 말하

2) Hut [ˈhuːt]는 (테가 있는) 모자를, Mütze [ˈmʏtsə]는 (테가 없는) 모자를 뜻하는 독일어 낱말이다.

는 것을 이해한다는 것이 깔려 있다.

그러나 우리는 자기의 모국어 낱말이 아닌 말소리 연속체도 따라 말할 수 있다. 이 경우에는 **청각 단기기억** (14)를 동원하는 경로 (13)을 필요로 한다. 우리가 이 경로를 사용해야 하는 이유는 말소리 연속체가 진짜 낱말이 아니고 비낱말이어서 심성 어휘부에 기재항을 가지고 있지 않기 때문이다. (비낱말들은 비록 일상생활에는 직접 관련이 없다 하더라도, 특정 경로가 사용될 수 있는지 없는지를 알아내는 데에 종종 쓰이기 때문에 의미가 있다.) 경로 (15)는 기술적으로 의미를 호출하지 않고 낱말을 따라 말하는 경우일 것이다. 그러나 정상인의 경우 경로 (13)과 (15)는 거의 구분을 할 수 없어서, 궁극적으로 낱말들을 비낱말을 위한 경로로만 따라 말하는 것도 가능할 것이다.

경로 (16a)는 **내적 청각 피드백 우회로**이고 (16b)는 **외적 청각 피드백 우회로**이다. 두 우회로가 방금 계획된 발화 내지는 이미 발화된 것을 제어하도록 해 준다. 첫 번째 제어에서 우리는 오류가 있는 계획을 조음 전에 이미 알아차리고 종종 청자가 알지 못하게 스스로 교정한다. 두 번째 제어에서는 이미 조음이 된 오류를 알아차리게 된다.

로고젠 모델에서 모든 양상에 공통적인 것은 의미체계이다. 이 모델의 오른쪽 부분은 개별 낱말의 읽기와 쓰기에 관련되는 것이다.

(3) 읽기

읽기의 출발점은 **시각 분석부** (17)인데, 이 부분은 문자(아직 인식되지 않은 문자기호)가 문자소로 정렬되는 **시각-문자소 변환부** (18)의 토대가 된다. 다양한 문자화의 가능성을 생각한다면 이 체계도 상대적으로 유연해야 한다. 다음 단계로 문자소 연결체는 경로 (19)를 거쳐 **시각 입력 어휘부** (20)으로 보내지고 일치하는 기재항을 찾을 때까지 거기에 저장되어 있는 기재항들(해당 언어의 문어 낱말 내지는 화자가 알고 있는 낱말)과 비교된다. 그런 다음 시각 입력 어휘부에서 활성화된 기재항에 의해서 경로 (21)을 거쳐 의미체계 (6)에서 해당 기재항이 호출된다. 그럼으로써 주어진 낱말은 이해된 것으로 간주된다.

개별 철자조합이든 아니면 아예 전체로든 어느 정도나 시각 분석 내지는 시각-문자소 변환이 개별 철자 층위에서 이루어지는가 하는 질문에 대한 답은 아직 정설이 없다. 개연성이 있는 답은 읽는 사람의 연습에 의해서 추가로 영향을 받는 조합적 과정이라는 것이다. 경로 (19a)는 철자 인식이 어휘부에 있는 기재항을 통해 쉬워지거나 빨라질 수 있다는 것을 암시한다. 경로 (21a)는 의미적인 선활성화가 입력 어휘부에 있는 기재항의 호출을 빠르게 할 수 있다는 (5a)와 유사한 가능성이 있음을 환기시킨다.

소리 내어 읽기/낭독하기

문자화된 낱말을 소리 내어 읽는 경우나 낭독하는 경우 세 가지 가능성이 존재한다.

- **의미-어휘 경로**를 통해서 시각 입력 어휘부 (20)에서 의미체계 (6)으로 가게 된다. 여기에서부터 음운 출력 어휘부 (8)에 있는 해당 기재항이 활성화되는데, 이는 다시 (위에 기술한 바와 같이) 정상적인 산출과정의 진행에 따라 말로 옮겨진다.
- 경로 (22)를 통한 **음운-어휘 경로**의 경우 시각 입력 어휘부에서 직접 음운 어휘부에 도달할 수 있다. 이 가능성은 정상인의 경우 첫 번째 가능성과 쉽게 구분되지 않는다.
- **문자소-음소 변환부** (23)을 통한 **비어휘적 경로**가 낱말과 비낱말(임의의 철자연결체)을 소리 내어 읽을 수 있게 해 준다. 이때 문자소에 음소값이 할당되는데, 이 음소값은 이어서 음소 버퍼 (10)으로 보내진다.

(4) 쓰기

낱말을 쓸 때(예를 들어, 문자적으로 명명할 때)에는 의미체계 (6)이 출발점이 된다. 선택된 의미가 경로 (24)를 통해 문자화된 낱말 형태들을 가지고 있는 **정서법 출력 어휘부** (25)에 있는 기재항을 활성화시킨다. 어휘부의 역할은 특정 언어의 낱말이 불규칙적으로 쓰이면 쓰일수록 크다.

정서법 출력 어휘부에서 활성화된 기재항은 이어서 경로 (26)을 통해 순서적으로 정렬된 문자소 연결체를 포함하고 있는 **문자소 버퍼** (27)로 보내진다. 이렇게 보내진 것들은 이어서 **문자소-이문자 변환부** (28)에서 최종적으로 **신경근육적 실행** (30)으로 옮겨지는 **문자소-운동 양식** (29)로 변환된다. 문자소-이문자 변환부는, 예를 들어 문자소의 대소문자 구분 내지는 특정 문자소의 다양한 변환 가능성들을 포함하고 있다. 문자소-운동 양식은 우리에게 다양한 쓰기 가능성(예를 들면, 필기, 그리기, 타자기의 자판 등)이 존재한다는 것을 생각하면 독자적인 처리단계로서 적절하다는 것을 알 수 있다.

그 외에 우리는 정서법적인 변환을 거치지 않고도 '말하는 것처럼' 쓸 수도 있다. 이 경우 출발점은 또 다시 의미체계이다. 거기에서부터 음운 출력 어휘부에서 온 해당 기재항이 음소 버퍼 (10)으로 보내진다. 거기에서 출발하여 **음소-문자소 변환부** (32)가 해당 기재항을 생성하는데, 이 기재항은 이어서 문자소 버퍼 (27)로 보내진다. 정상인들은 특정 낱말을 정서법적으로 정확히 어떻게 쓰는지 알지 못할 경우 이 프로세스를 응용한다.

많은 사람들이 로고젠 모델에 대하여 음운 출력 어휘부와 정서법 출력 어휘부를 연결하는 선이 추가로 가능하다고 설정한다(경로 33). 이를 가정할 수 있는 것은 많은 경우 특정 의미에 대하여 ('닭'과 '닥'의 경우처럼) 말소리상으로는 동일하지만 정서법적으로는 틀리게 쓰는 경우가 있기 때문이다.

① 베껴쓰기

- 한편으로는 시각적으로 주어지는 모든 철자연결체(낱말 혹은 비낱말)를 베껴쓸 수 있는 가능성이 존재한다. 이 경우는 경로 (34)를 거쳐 시각 단기기억 (35)를 동원하여 이루어진다.
- 다른 한편으로는 어휘부 경로를 통해 낱말쓰기를 할 수 있다. 시각 입력 어휘부 (20)에서 인식된 낱말들은 경로 (31)을 거쳐 직접 정서법 출력 어휘부 (25)에서 탐색되고, 거기로부터 기재항이 문자소 버퍼 (27)로 보내진다.

두 가능성 모두 의미체계를 피해 가게 되고, 따라서 쓰인 것의 내용 파악은 이루어지지 않게 된다.

경로 (36a)는 **내적 시각적 피드백 우회로**인데, 우리는 이를 통해 실행하기 전에 이미 계획된 것을 제어할 수 있다. 경로 (36b)는 **외적 시각적 피드백 우회로**인데, 이를 통해 우리는 문자화된 것을 제어할 수 있다.

② 받아쓰기

구술된 대로 받아쓰는 것과 같은 과제도 모델에서 잘 기술된다.

- 비낱말의 쓰기는 경로 (13)을 거쳐 음소 버퍼 (10)으로 가게 되는데, 거기에서부터 음소-문자소 변환부 (32)가 문자소 버퍼 (27)에 입력될 기재항을 생성한다.
- 불규칙적으로 쓰인 낱말들은 정서법 출력 어휘부 (25)를 통해 쓰여져야 한다. 거기에 이르기까지의 길은 다양한 행태를 가정할 수 있다.

  – 청각 입력 어휘부와 의미체계를 거쳐 이루어지는 경우
  – 청각 입력 어휘부와 정서법 출력 어휘부를 직접 연결(경로 37)하는 경우로, 이 경로를 통해 의미체계 (6)을 우회하여 정확한 기재항을

활성화시킬 수 있다.

– 음운 출력 어휘부를 거쳐 이루어지는 경우(15-8-33).

• 규칙적으로 쓰인 낱말들은 모든 경로를 통해 쓰일 수 있다.

4.2.2. 실어증 환자의 개별 낱말 처리

실어증 환자의 장애는 우리가 정상적인 언어정보처리 모델에 비추어 봄으로써 더 잘 이해될 수 있다는 가정이 논의의 출발점이다.

실어증 환자의 특정 장애는 실제로 로고젠 모델의 부분들에서 나타나는 장애로 간주할 수 있다. 장애의 원인이 모델 내의 어느 위치에 있는지 알 수 있을 때 보통 '기능적 장애'라고 말한다. 이러한 종류의 '장애'는 통상적으로 신경세포와 직접적으로 관련짓지 않고도 이해될 수 있다. 다음에는 모델의 개별적인 부분들이 손상되었을 때 어떤 현상이 일어나는지 알아보자.

만약 음향분석체계가 손상되어 있다면, **순수 낱말농**(pure word deafness)이라고 말한다. 이 경우 환자는 정상적으로 말하고, 읽고, 쓸 수 있지만, 낱말을 이해하거나 따라 말하는 데 매우 큰 어려움을 가지고 있다. 이 문제는 한편으로는 매우 드물게 나타나고, 다른 한편으로는 아직 언어학 이전 단계로 분류될 수 있는, 말하자면 (거의 모든 정의에 비추어) 전혀 실어증적이지 않은 주변적 장애이다.

음향-음소 변환부에 문제가 생긴 경우에는 환자가 낱말을 더 이상 이해할 수 없을 뿐만 아니라 정확하게 따라 말할 수도 없다. 문제가 **청각 입력 어휘부** (4)에 있다면 낱말을 정확하게 이해할 수 없지만 따라 말하기는 할 수 있다. 따라 말하기는 낱말인지 비낱말인지에 상관없이 유사한 방법으로 가능하지만, 그 환자의 경우 낱말과 비낱말의 체계적인 구분은 불가능하다.

의미체계 (6)으로 가는 **연결선** (5)에 문제를 보일 경우 환자가 낱말과 비낱말을 구분하고 이들을 따라 말할 수는 있지만, 낱말을 이해할 수는 없을 것이다. 문제가 **의미체계** (6) 자체에 있을 경우 장애가 모든 양상에서 나타난다. 경로 (5)를 통한 도입장애에서는 이런 경우가 나타나지 않는다. 의미체계의 장애는 산출 측면에서 보면 거기에서 틀린 기재항이 선택됨을 의미한다. 그로부터 귀결되는 오류 유형은 **의미 착어증**이다. 의미 착어증에서는 (절차상으로는 올바르게) 음운 출력 어휘부에 있는 엉뚱한 기재항에 연결된다.

낱말찾기장애는 종종 목표항목의 의미에 대해 확실히 알고 있는 경우에 나타난다(예를 들면, 실어증 환자가 표정과 몸짓으로 그것이 무엇인지 분명하게 할 경우이다). 여기에서 문제는 경로 (7)을 통해 음운 출력 · 어휘부의 해당 기재항을 **찾아내는 부분**에 있는 것처럼 보인다. 그 환자의 경우 하나의 가능성은 의미적으로 동기화된 통합 착어증을 산출하는 것이다.

목표낱말과 말소리가 유사한 **언어 착어증**은 전형적으로 음운 출력 어휘부에 장애가 있음을 암시한다. **음운 착어증**과 **음운 신조어**는 분명한 단 하나의 장애가 원인이 되어 생긴다고 할 수 없는데, 그 이유는 (적어도) 오류가 생기는 세 가지 가능성이 있기 때문이다.

- 기재항이 음운 어휘부에서 이미 불충분하게 명세되어 그 상태로 음소 버퍼로 보내질 수 있다.
- 음소의 정렬과 선택 그리고 표상이 음소 버퍼에서 손상을 입을 수 있다.
- 음성적 전환에 문제가 생겨 발생할 수 있다.

난해성 신조어가 산출될 때 이는 언어 출력 어휘부에 문제가 있음을 암시한다. 난해성 신조어조차도 음소배열규칙과 음절구조규칙을 따른다는 점은, 실제로 음운 버퍼와 음성 전환은 정확하게 진행되고 있지만 분절-

음소 기초가 틀려 발생한다는 추측을 가능하게 한다.

음소 버퍼가 손상되어 유발되는 착어증에서는 전형적으로 정확한 음절 구조가 나타나고 대부분의 목표음소도 나타난다. 왜냐하면 출발점이 음운 출력 어휘부에서 온 완전한 기재항이기 때문이다(Kohn, 1993). 물론 어휘부에서 불완전한 기재항도 착어증의 원인이 될 가능성은 존재한다. 따라 말하기가 여기에서 하나의 진단적 암시를 제공할 수 있다.

- 따라 말하기가 손상되지 않았다면 착어증은 십중팔구 틀린 혹은 불완전한 기재항 때문에 생긴 것이다.
- 따라 말하기가 (혹은 비낱말의 낭독도) 비슷한 방법으로 장애를 입었다면 문제는 음소 버퍼에 있다.

또 다른 암시는 '길이효과'가 제공한다. 즉, 오류가 목표항목의 길이에 따라 증가한다면 이런 경우는 오히려 버퍼 문제가 원인임을 말해 준다.

음운 착어증이 하나 혹은 적은 수의 음운 자질의 문제라면 음운정보를 음성 표상으로 전환하는 과정에 문제가 있다고 가정한다.

(1) 낭독하기

위에서 이미 기술하였듯이 개별 낱말을 낭독할 때에는 정상인들이 사용하는 세 가지의 가능성이 존재한다. 즉, 의미-어휘 경로와 음운-어휘 경로 그리고 비어휘적 경로가 그것이다. 실어증 환자의 경우 개별 경로는 선택적으로 소실되거나 보존된 채로 있을 수 있다. 사람들은 보통 다음 네 가지를 구분한다(De Bleser, 1993; Reitz, 1994; Kirshner, 1995d).

- 심층 실독증
- 직접 실독증

- 표층 실독증
- 음운 실독증

이 네 가지 실독증 형태를 흔히 **중심 실독증** 형태라고 말하는데, 그 이유는 이들이 낱말 처리에 있어 핵심적이고 언어학적인 부분들을 쟁점으로 삼고 있기 때문이다.

① 심층 실독증

심층 실독증 환자들(De Bleser & Bayer, 1990)은 음운-어휘 경로도 비어휘적 경로(문자소-음소 변환부)도 사용할 수 없고, 대신 **의미-어휘 경로**를 거쳐 가야 한다.

이는 추가로 의미체계(혹은 그 체계의 입력부와 출력부)의 손상으로 악화되어서, 낱말을 읽을 때 전형적으로 의미 (그리고 또한 형태) 착어증과 의미적으로 동기화된 통합 착어증이 산출된다. 비낱말은 읽을 수 없다. 낱말이 빈번하게 등장하고 그림으로 나타낼 수 있으면 읽기능력을 향상시킬 수 있다.

폐쇄부류 낱말이나 문법적 낱말들은 읽지 못해서, 심층 실독증 환자는 실문법적 읽기가 나타날 수 있다. 예를 들어, '어머니는 부엌에서 설거지를 하신다' 를 '부엌 설거지 하신다' 로 읽거나, '너는 동생을 돌보아야만 한다' 를 '너 동생 돌보다' 로 읽게 된다. 심층 실독증 환자의 경우 시각 착독증도 나타나게 되는데, 그래서 '천둥' 을 '청중' 으로, '지침' 을 '지체' 로 그리고 '만든' 을 '맞은' 으로 읽게 된다.

② 직접 실독증

직접 실독증에서는 의미-어휘 경로와 음자소-음소 변환부에 장애가 있지만 **음운-어휘 경로**는 제대로 작동한다. 따라서 규칙 낱말과 불규칙 낱말은 (물론 이해는 하지 못한 채) 낭독이 가능하다. 문제가 되는 것은 비낱말이다.

③ 표층 실독증

표층 실독증 환자의 경우 읽기가 원칙적으로 발음에 따라 (말하자면, 철자 하나하나) 이루어진다. 모델에서의 경로는 우선적으로 문자소-음소 변환부를 거치게 된다. 규칙에 맞게 써진 낱말의 경우 이 전략으로 종종 목표에 도달하지만, 불규칙적인 낱말의 경우는 그렇지 않다(Chef 〉['çef], Physik 〉[pʰy:ˌsɪk], Garage 〉[ˌga:'ra:gə]).[3] 또한 비낱말들은 낭독될 수 있다.

④ 음운 실독증

음운 실독증의 경우에는 기본적으로 **문자소-음소 변환부**에 문제가 있다(Derouesné & Beauvois, 1979). 따라서 낱말들은 잘 읽을 수 있지만 비낱말의 경우 문제를 보인다.

⑤ 주변 실독증 형태

중심 실독증 형태와 반대되는 입장에 서 있는 것이 주변 실독증 형태이다. 주변 실독증 형태에서는 언어학적 문제 이전인 시각 분석에서부터 문제가 생긴다(Reitz, 1994:56-60 개관 참조).

- 주변 실독증의 대표적 형태로 소위 **순수 실독증** 혹은 **낱말형식 실독증**이 있으며, 이 증상을 보이는 환자는 한 자씩 쓰는 것처럼 읽는다. 즉, 모든 철자들을 (대부분 아주 힘들게 그리고 느리게) 하나하나 호명한다.

---

3) 독일어에서 어두에 나온 /ch/는 [ç], [k], [ʃ] 등 다양하게 불규칙적으로 발음된다. 독일어 낱말 Chef(장)의 올바른 발음은 ['ʃef]이나, 표층 실독증 환자들은 이를 ['çef]로 틀리게 발음하는 예를 본문에서 제시하고 있다. 마찬가지로 Physik(물리학)의 /ph/는 규칙적인 경우 [fy:ˌzɪk]으로 발음해야 하나, 표층 실독증 환자들은 철자대로 읽어 [pʰy:ˌsɪk]으로 발음하는 것을 예에서 보여 준다. 또한 Garage(차고)는 불어에서 차용된 낱말로 [ˌga:'ra:ʒə]로 읽어야 하나, 표층 실독증 환자의 경우 철자 하나하나를 그대로 읽어 [ˌga:'ra:gə]로 틀리게 읽는 예를 본문에서 제시하고 있다.

• 다른 주변적 문제들은 무시 증후군(neglect syndrome)이나 다양한 시각장애에 기인할 수 있다.

(2) 쓰기

낱말쓰기장애도 로고젠 모델에서 잘 기술되고 파악된다(Kremin & Ohlendorf, 1988; Blanken, 1991c). 정상인의 쓰기는 여러 경로를 통해 이루어진다.

- 문자적 명명에서는 다음 두 경로를 거친다.
  - 의미체계와 정서법 출력 어휘부 (의미-어휘적 경로)
  - 음소-문자소 변환부 (음운적 경로)
- **받아쓰기**에서는 낱말의 위상(낱말 혹은 비낱말)에 따라 세 개까지의 경로가 사용된다.
- **베껴쓰기**에서는 의미체계를 거쳐, 오직 어휘부 내지는 시각 단기기억을 거쳐 처리될 수 있다.

주된 오류 유형과 사용된 경로에 따라 다양한 **실서증** 유형이 구분된다(De Langen, 1988; Lorch, 1995).

- 음운 실서증
- 심층 실서증
- 표층 실서증

① 음운 실서증

음운 실서증의 경우 가장 근본적인 문제가 음소-문자소 변환부에 있다. 이 문제 때문에 비낱말이나 알려지지 않은 낱말은 받아쓰기를 할 수 없다. 쓸 수 있는 낱말에는 불규칙적으로 쓰인 낱말까지도 포함된다. 이해되지 못한 낱말들도 문제를 일으키기 때문에 쓰기는 항상 의미체계를 거치는 경로를 통해 이루어진다고 추측된다.

② 심층 실서증

심층 실서증에서도 의미체계와 음소-문자소 변환부가 중요한 역할을 한다. 심층 실서증 환자는 비낱말을 받아 적을 수 없다. 빈번하게 사용되거나, 그림으로 표시될 수 있는 낱말은 쓰기능력을 향상시켜 쉽게 쓸 수 있다. 말하자면 구체적이고 자주 사용하는 낱말은 쓸 수 있다. 추상적인 낱말과 특히 기능어들은 문제가 된다. 따라서 사람들은 다음과 같이 추측한다.

- 음소-문자소 변환부가 더 이상 제대로 작동하지 않아서 환자는 전체적인 사건을 통해서만 (전체 낱말형상을 통해서) 쓸 수 있고,
- 의미체계에 문제가 있는 경우 의미가 추상적일수록 더 어려움을 보인다.

③ 표층 실서증

정서법적인 착서증이 주된 증상이면 **어휘 실서증** 혹은 표층 실서증이라 한다(De Bleser et al., 1987). 이 경우에는 쓰기가 주로 개별적으로 (음성-음운론적 형태에서 출발하여) 음소-문자소 변환부를 거쳐 이루어진다고 가정한다. 불규칙적으로 쓰인 낱말은 규칙적으로 쓰인 낱말보다도 더 많은 오류를 동반한다.

4.2.3. 로고젠 모델의 한계와 확장

로고젠 모델의 한계는 분명하다.

- 이 모델은 위에서 소개한 바와 같이 언어정보처리의 영역 중에서 작

은 하나만을 기술할 수 있다.

- 더구나 이 영역(개별 낱말의 처리)은 의사소통 상대방이나 문맥에 대한 질문을 도외시하고서라도 전형적으로 문장과 발화, 텍스트로 나타나는 정상적인 언어정보처리의 고유한 영역이 아니다.
- 또한 기술된 모델 영역조차도 많은 측면에서 충분히 명시적이지 못한 것이 사실이다.

따라서 다음에서는 형태론, 낱말인식 및 음운론적 부호화에 비추어 세 부문이 확장되어 기술될 것이다.

(1) 형태론

로고젠 모델은 원래 영어를 설명하기 위하여 구성되었다. 영어는 형태론이 약한 언어로서 매우 뚜렷한 형태론적 구성부분이 있는 독일어와는 구분된다. 따라서 로고젠 모델의 어휘부를 **형태론** 몫만큼 확장할 필요가 있다. 실어증을 포함한 다양한 증거(Cholewa, 1993)를 토대로 다음 두 가지 사항이 보완되어야 한다.

어휘부		
어휘소		
내용어	기능어	접사
불규칙 굴절		
파생		
합성		
규칙 굴절		

[그림 4-6] 어휘부에서의 형태론(Cholewa, 1993)

- 네 개의 어휘부 각각은 [그림 4-6]에 제시된 복잡한 내적 구조를 가지고 있어야 한다.
- 어휘부 내에서 형태론적 처리가 이루어져야 한다.

(2) 낱말인식

낱말인식은 복잡하기도 하지만 매우 신속하게 이루어지는 과정이다. 1초당 3개의 낱말이 발화되는 평균 발화속도와 입력 어휘부에 적어도 10,000개의 어휘 기재항이 존재한다는 점에 비추어 볼 때 탐색과정은 매우 빠르게 이루어져야 한다. 청각적 낱말인식을 위해서 **동시집단 모델**이 개발되었다

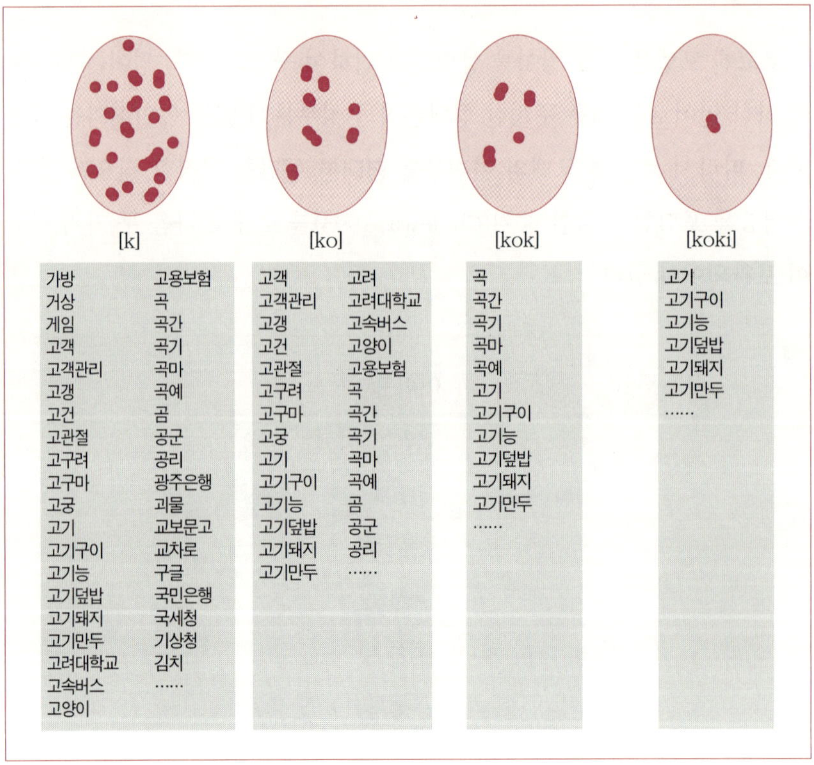

[그림 4-7] 동시집단 모델(Dijkstra & Kempen, 1993)

([그림 4−7], Dijkstra & Kempen, 1993 개요 참조).

- 사용할 수 있는 (인식된) 음소에서 출발하여 어휘부의 기재항이 활성화된다.
- 음소수의 증가에 따라 선택 집합은 계속해서 작아져서 최후에는 낱말이 인식된다.
- 전달된 음소정보가 낱말이 무엇인지 식별하기에 충분하면 식별점(재인점 point of recognition)에 도달한 것이다.
- 말소리 연속체가 목표언어의 낱말이 아님이 확실해지면, 그 지점이 비낱말점(nonword point)이 된다.

흥미롭게도 문맥이 추가적인 정보(예를 들어, 의미적인 정보)를 제공하면 식별점에 도달하기 전에도 낱말들이 정확하게 인식될 수 있다(Dijkstra & Kempen, 1993:39 개관 참조). 쌍방향적 관찰방법에서는 다음과 같이 기술하는 것도 가능하다. 즉, 한편으로는 자료 기반의 프로세스들이 기재항들을 활성화시키고, 다른 한편으로는 의미적, 통사적, 문맥적인 고려를 통해서도 기재항들이 활성화 내지는 억제될 수 있어서 재인점에 도달하기 전에 낱말의 호출에 필요한 활성화가 이루어질 수 있다. 비현실적인 문맥에서는 심지어 올바르게 호출된 입력 어휘부의 기재항이 억제되고 그럴듯한 기재항이 활성화되는 경우도 종종 있다(잘못 들었을 경우에). 이로써 입력 어휘부의 구조가 언어정보처리의 다른 영역들과 연결되어 있어야 한다는 점이 분명해진다.

(3) 음운적 부호화

다양한 기존 연구에 근거하여 Butterworth(1993:245)는 음운적 부호화를 위해 모델을 보완할 것을 제안한다([그림 4−8]).

출발점은 의미체계인데, 이 체계로부터 출발하여 음운적 주소를 통하여 음운 출력 어휘부에 있는 기재항이 찾아지게 된다. 이 음운-어휘 기재항은 추상적이며, 거기에 포함된 정보는 다음에 제시된 세 개의 하위체계를 통해 더 처리되어야 한다.

- 운율체계
- 음절구조체계
- 분절체계

첫 두 체계를 통해 하나의 구조가 생성되는데, 이 구조에 분절이 추가된다. 최종적으로 음소 버퍼로 보내지게 되는 완전히 명세된 기재항이 만들어진다.

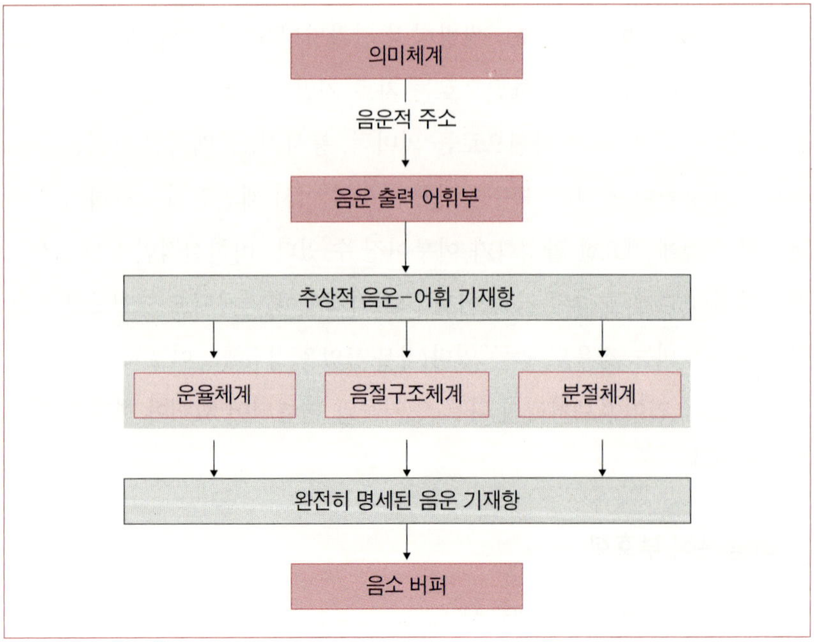

[그림 4-8] 음운적 부호화(Butterworth, 1993)

개별 정보들이 상호 독립적으로 유지되거나 손상될 수 있기 때문에 이 모델을 통하여 음소 착어증과 신조어가 어떻게 일어나는지 더 잘 이해될 수 있다.

4.3. 문장과 발화의 산출

이 절에서는 잘 알려진 Garrett과 Levelt의 문장과 발화산출 모델이 소개되고, 이어서 그 모델들을 실어증 환자의 언어 산출에 어떻게 적용시킬 것인지에 대해 논의하고자 한다.

4.3.1. Garrett의 문장산출 모델

Garrett(1975, 1980, 1982, 1984, 1988)의 문장산출 모델은 통사론에 무게가 강하게 실린 연속적 모델이다. 이 모델에서 통사론은 핵심적인 부분이며, 무엇보다도 통사적 표상의 생성에 관한 것이다.

이 모델은 여러 정보처리단계로 이루어져 있는데, 이 단계들은 여러 표상층위로 이어진다. [그림 4-9]에 개요가 제시되어 있다.

특정한 목적을 가진 여러 종류의 프로세스를 통해 표상들이 생성되는데, 이 표상들은 층위로 나타난다. 다섯 가지 표상 층위는 다음과 같다.

- 메시지 층위
- 기능 층위
- 위치 층위

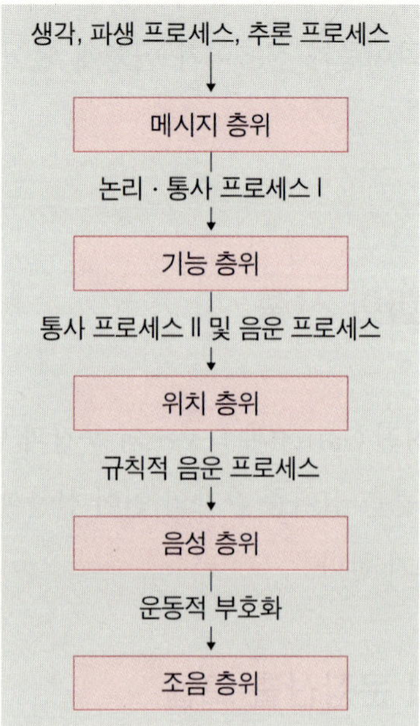

[그림 4-9] Garrett에 따른 문장산출 모델 개관

- 음성 층위
- 조음 층위

맨 처음에 언어로 표현되기 이전의 명제를 만드는 **파생 프로세스**(추론 프로세스)가 존재한다. 다른 말로 하면, 언어로 표현되어야 하는 '생각' 이 형식화된다. (우리의 예에서 보면, 'Ein Mann küsst einen Hund 한 남자가 개에게 뽀뽀한다' 고 표현되어야 한다.) 이 표상이 **메시지 층위**를 형성한다. 그런 다음 논리-의미적 처리와 첫 통사적 처리가 작동한다. 위에 적은 것을 도식적으로 기술하면 [그림 4-10]에 제시한 바와 같다.[4]

4) [그림 4-10]과 그 다음 설명에서 KÜSSEN은 '뽀뽀하다' , MANN은 '남자' 그리고 HUND는 '개' 를 의미하는 독일어 낱말이다.

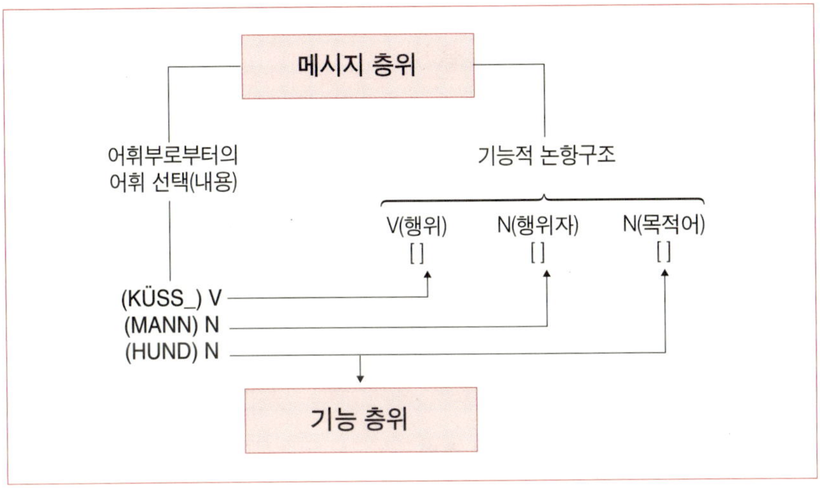

[그림 4-10] Garrett에 따른 문장산출 모델의 부분

여기에는 무엇보다도 다음 두 가지 연산과 관련 있다.

- **어휘부로부터의 어휘 선택:** 이 정보처리단계에서는 어휘 요소의—형식이 아니라—의미만 호출된다.
- **기능적 논항구조의 설정:** 이 구조는 요소들(의미들) 사이의 관계만을 제시한다.

기능 층위에서는 아직 어순배열이 존재하지 않는다. 배열은 흡사 실질적인 형태와 유사할 것으로 생각할 수 있다. 어휘 선택이 이루어지고 기능적 논항구조가 생성된 다음에 **기능 층위**의 표상에 이르게 된다. 예에서 보면 이제 〈MANN〉, 〈HUND〉, 〈KÜSSEN〉이라는 요소를 갖게 된다. 이 층위에서 어떠한 방법으로 발화의도가 실제로 언어적으로 표현될까 하는 점은 여전히 정해져 있지 않다. 즉, 능동형으로 표현할 것인가 아니면 수동형으로 표현할 것인가, 아니면 특정한 어순이 선택되어야 하는 점 등은 정해져 있지 않다.

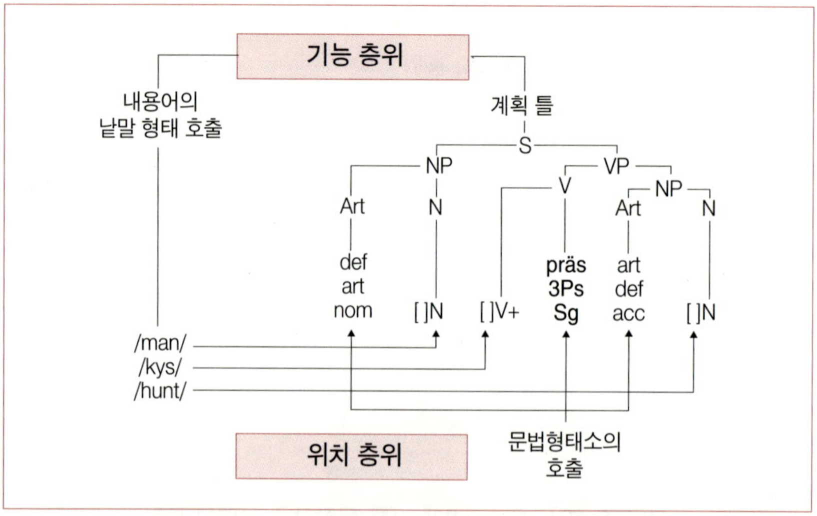

[그림 4-11] Garrett에 따른 문장산출 모델의 부분

기능 층위의 표상은 이어지는 통사적 처리와 첫 번째 음운 처리를 통하여 **위치 층위**로 변환된다([그림 4-11]).

다시 여러 가지 주된 단계가 존재한다.

- 우선 심성 어휘부에서의 두 번째 호출에서 어휘항목(내용어)들의 음운 형태가 호출된다. 첫 번째 호출에서 가져온 의미에 이제 외적인 음성 형태가 추가되게 된다.
- 다른 한편으로 **계획 틀**이 생성된다. 계획 틀은 문법자질과 내용어들이 채워질 자리로 이루어진 연속체로서 순서가 매겨져 있다.
- 문법자질들은 문법형태소들로 채워진다. 이 요소들을 호출하는 것이 위치 층위로 가는 세 번째 단계이다.

다음으로 규칙적인 **음운 프로세스**는 어휘 항목들과 문법형태소들이 정상적인 낱말 형태로 융합되도록 해 준다. 이 모든 것들이 완료되고 나면 음성 표상 층위에 도달하게 된다. 운동적 행위를 조정하는 이 프로세스가 음성 표상을 넘겨받아 그 표상을 조음 표상으로 변환시킨다.

이 모델은 영어를 연구하면서 정립되었다는 점에 주의해야 할 필요가 있다. 영어는 어휘 항목과 문법적 항목이 매우 분명하게 구분되어 있으며, 독일어에 비해 단순한 형태론을 보여 주고 있다. 그럼에도 불구하고 이 모델은 독일어 실어증 현상의 고찰에도 유의미하게 적용될 수 있다.

4.3.2. Levelt의 발화산출 모델

Levelt(1989, 1993)의 발화산출 모델은 연속 접근법과 상호작용 접근법을 하나로 통합하기 때문에 혼합 모델이다. 물론 상호작용적 측면들은 가능하면 제한적으로 도입하려 시도한다.

Levelt의 모델은 일정 측면에서 Garrett의 모델과 유사하지만, 몇 가지 특이한 점을 가지고 있다. [그림 4-12]에 단순화시켜 기술한 바와 같이 이 모델은 기본적으로 세 부분으로 구성되어 있다.

- 개념화부
- 형성부
- 조음부

여기에 덧붙여 핵심적 요소로 어휘부가 추가된다.

개념화부의 임무는 발화의도의 생성이다. 이 발화의도는 언어로 표현될 그러나 언어로 표현되기 이전 개념으로서 형성부로 보내지게 되는데, 좁은 의미에서 보면 이 형성부가 언어정보처리라고 할 수 있다.

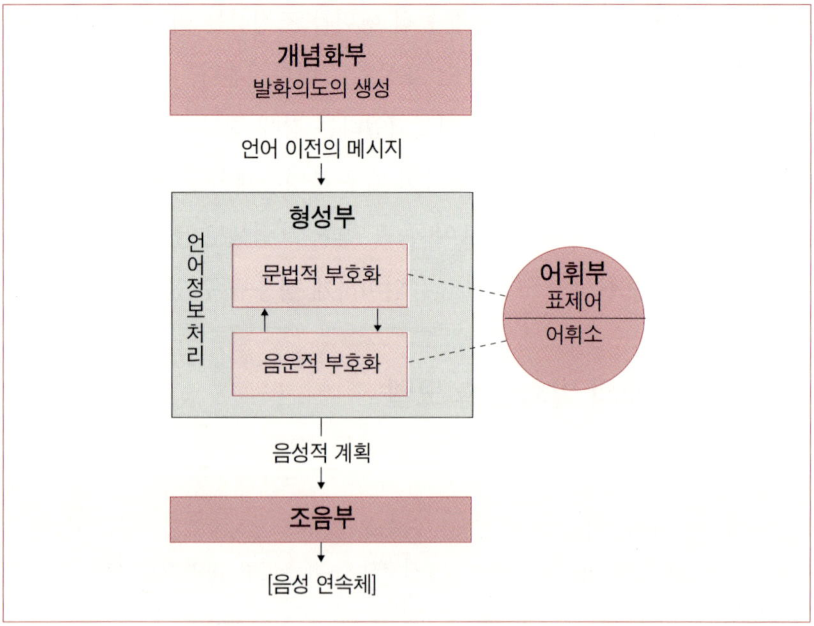

[그림 4-12] Levelt에 따른 발화산출 모델

형성부 내부에서는 무엇보다도 문법적 부호화와 음운적 부호화가 일어나야 한다. 이 층위에서 특히 중요한 것은 어휘부 내지는 어휘부에서 끌어온 정보이다. 어휘 기재항은 표제어 정보와 어휘소 정보로 나뉜다.

- 표제어 정보는 한편으로는 어휘 의미를, 다른 한편으로는 예를 들어 품사나 명사의 경우 성과 같은 문법적 정보들을 포함한다.
- 어휘소 정보는 기재항의 음운적 표층 형태를 포함한다.

문법적 부호화 프로세스를 조정하는 것은 무엇보다도 표제어들이다. 따라서 Levelt 모델에서 어휘부는 언어정보처리에서 핵심적인 위치를 차지한다.

문법적 부호화는 형태적 임무와 통사적 임무를 수행해야 하는데, 그 임무들은 부분적으로 활성화된 표제어 정보에서 나온다.

음운적 부호화는 문법적 부호화로부터 전달된 구조(문법자질로 표기된 교점과 빈자리)를 음운적 재료로 채우는데, 이는 주로 어휘소 정보를 호출함으로서 이루어진다.

궁극적으로 **음성구조**에 도달할 수 있기 위해서는 형태, 분절 그리고 운율 정보가 필요하다.

- 형태정보의 본질적인 부분들은 이미 문법적 부호화를 통해 주어져 있다.
- 분절정보는 어휘소 정보를 통해 전달된다.
- 운율정보는 한편으로는 어휘소로부터 오고, 다른 한편으로는 문장구조 내지는 개념구조의 필요조건으로부터 온다.

음운 표상의 구성은 단계적으로 이루어진다. 즉, 각 개별 정보들이 하나로 합쳐지는 것이다. 필요한 음운정보의 여러 양상 중에서 부분적으로만 주어져 있다는 것을 누구나 알고 있다(예를 들어, 음절의 수, 두음 등).

형성부에서 본질적인 점은, 한편으로는 어휘부와 두 부호화 프로세스가 서로 상호작용한다는 점과, 다른 한편으로는 형성부에서 완성된 완벽한 문법구조와 음운구조를 조음부로 보낸다는 점이다.

위에서 제시한 바와 같이, 개념화부와 형성부 그리고 조음부가 동시에 작동할 수 있다고 가정해야만 한다. 따라서 형성부나 개념화부가 발화의 다음 부분에 대한 해당 작업을 완결하기도 전에 혹은 생성하기도 전에 발화의 첫 부분이 이미 조음될 수 있다는 것은 생각할 수 있는 일이다. (물론 이 경우 우리는 발화가 어느 방향으로 진행되는지 알아야 한다.) 예를 들어, 대화상대자의 발언이 이미 시작된 발화 사이에 끼어드는 식이 되는 것도 물론 가능하다. 단계적이고 병렬적으로 진행되는 발화와 그 발화의 단계적인 수행을 점증적 언어 산출이라 한다.

마지막에 설정된 음성적 계획은 조음부에 전달된다. 이 음성 설계도가 우리의 조음기관을 조정하는 조음 프로그램을 생성하게 된다.

Garrett와 Levelt 모델의 비교에서 보듯이, Garrett 모델은 통사론에 무게가 강하게 실린 반면, Levelt 모델은 어휘부가 핵심적인 역할을 하는 모델이다. 동사가 발화의 문법구조를 생성하는 데 중요한 역할을 한다는 가정이 이 점을 명백하게 해 준다. 더구나 Levelt 모델은 Garrett 모델과는 달리 그 자체로 문장보다 작은 발화의 생성에 적절하다.

4.3.3. 실어증 환자의 문장산출과 발화산출

여러 가지 실어증 현상을 Garrett와 Levelt 모델의 개별적인 표상 층위와 프로세스에 편입시키는 것은 가능하다(방법론적인 절차에 관해서는 Schwarz, 1987 참조).

- Garrett 모델에서는 전형적으로 실어증 문제가 기능 층위와 위치 층위에서 일어나고 주변절차에서 일어난다.
- Levelt 모델에서는 실어증 문제가 주로 형성부(내지는 어휘부)에 있다고 본다. 예를 들어, 마비말장애 같으면 조음부의 문제일 것이고, 언어분열증(schizophasia) 같으면 개념화부에 문제가 있다고 볼 것이다.

난해성 신조어는 전형적으로 내용어에서 나타난다. 분명히 계획 틀 내지는 문법적 부호화가 작동할 수 있다. 내용어(어휘소) 낱말 형태의 호출이 이루어져도 완전히 왜곡된 표상이 나오거나, 전혀 아무것도 나오지 않게 된다. 후자의 경우 목표언어의 음소 저장소에서 선택이 이루어져야 한다. 왜냐하면 발화는 음운정보가 없이는 실행될 수 없기 때문이다. 즉, 다음 단계에서 아주 정상적으로 계속 처리되기 위해서 음소(혹은 음절)가 빈칸(slots) 내지는 문법적 틀에 제멋대로 삽입된다. 난해성 신조어가 내용어에서 주로 등장하고 문법적 형태론에서는 거의 등장하지 않는다는 점은 이러한 점에서 납득이 간다.

예를 하나 들자면, 진공청소기의 명칭 말하기에서 어떤 환자는 청소하는 몸짓을 동시에 수행하면서 "응 이거 이거 처처처 청 이거 갖고 청청청기해요."라고 발화하였다. 이 예에서 보면 비록 신조어가 산출되기는 하였지만, 동사 '하다'는 문법에 맞게 표현되었음을 알 수 있다.

음운 착어증은 위 모델에서 여러 곳에 문제가 있는 것으로 설명될 수 있다.

- 한편으로는 음운 착어증이 내용어(어휘소) 낱말 형태의 호출에 결함이 있기 때문이라고 할 수 있다. 그렇다면 난해성 신조어를 내용어의 음운표상이 비어 있을 때 음운 생성부에서 우연하게 생성해 낸 것으로 간주하지 않을 경우, 난해성 신조어와 음운 착어증 사이에는 단계적 차이만 존재할 것이다.
- 다른 한편으로는 음소 착어증이 위치 층위에서의 표상장애(로고젠 모델에서는 음운 버퍼)의 결과일 수 있거나, Levelt 모델에서의 분절음운적 부호화의 장애일 수 있다.

의미 착어증은 Garrett의 모델에서는 기능 층위에 이미 문제가 있는 것으로 본다. 의미 기재항의 호출이 앞으로 논의될 이유로 인해서 틀린 기재항을 선택하도록 만든다. 즉, 언어 착어증 또는 더 명시적으로 의미 착어증은 이에 기인한다.

내용어에 나타나는 의미적 오류는 Levelt 모델에서 표제어의 구성장애 내지는 표제어 찾기의 문제로 설명될 수 있다. 아마도 특정 표제어는 한시적으로 호출될 수 없어서, 단순하게 그 주위의 가장 활발한 상태인—전형적으로 의미적으로 가까운—기재항이 활성화된다. 여기에서 기술될 수는 없는 일련의 논증에 근거하여(Blanken, 1991) 의미체계의 조직에 장애를 입을 경우 오류 유형은 일정한 데 반하여 찾기장애의 경우 오히려 일정하지 않다고 가정한다.

의미 착어증과 음소 착어증 혹은 자곤은 종종 통사적 측면과 형태적 측면이 상대적으로 유지된 채 나타난다. 주된 문제가 입력부 내지는 내용어의 내용면과 표현면의 저장부에 있다고 한다면 이 점은 이해가 된다.

그와는 반대로 소위 **실문법증**이 있는 실어증 환자의 경우에는 바로 기능적 논항구조의 구성과 문법적 형태소의 호출에 어려움을 나타내는 데에 반하여 내용어의 낱말 형태의 호출은 상대적으로 잘 기능하는 특징이 있다. 다양한 실문법증 현상들은 그러므로 기능 층위와 위치 층위 사이의 처리과정에서 생기는 문제라고 할 수 있다. 만약 문법형태소가 완전히 탈락된다면 해당 호출과정은 아무런 결과도 없게 될 것이다. 계획 틀의 생성에 어려움이 있다면 한편으로 단순화된 구조를 만들게 되고, 다른 한편으로 몇 개의 내용어로 구성된 단편적인 문장들만 생성하게 된다. Levelt의 모델에서 이는 문법적 부호화의 문제가 될 것이다.

Kolk 등(1985)은 형태적 연산과 통사적 연산을 수행하기 위해서 언어 기재항들을 동시에 활성화시켜 유지하는 병리적인 능력이 실문법증 화자의 근본적인 문제라는 가설을 세웠다. 다른 말로 하면, 실문법증 화자의 경우 기능 층위를 위치 층위로 전달하거나, 형성부에서 작동하는 언어적 연산을 위한 작업저장소가 제한적이라는 것이다. Kolk와 그의 동료들은 여기에 덧붙여 많은 실문법증 화자의 경우 개념화부가 이미 단순화된 언어 이전 단계의 구조를 형성부에 제공하고, 이것이 형성부의 제한적인 수단을 통해 생성될 수 있다고 추측했다(소위 적응가설 adaptation hypothesis).

Garrett의 연속 모델은 항상 상호작용적 측면을 편입시키는 확장의 출발점이었다. Dell(1986)은 무엇보다도 상호작용적 관점에서 위치 층위의 '빈칸(slots)' 채우기에 관한 논의를 한다. Harley(1995:265)도 개별 층위들은 네트워크로 개념화되어 서로 상호작용할 수 있다고 추측한다.

상호작용적 네트워크 관점에서 통사 처리도 단위들(예를 들어, 문장 틀, 구)의 활성화를 통해 이루어진다고 가정한다. 한 기재항이 선택되면 다른 기재항들은 억제가 된다. 이러한 개념은 문장 교착이 왜 발생하는지 설명할 수 있는 가능성을 제공한다(Harley, 1990). 즉, 기능 층위가 어휘적 네트워크와 통사적 네트워크를 활성화시키는데, 이 네트워크에서 어휘소와 통사적 단편 혹은 구조들이 상호작용한다.

이미 위에서 제시한 바와 같이 언어정보처리가 병렬적으로 이루어질 수 있다는 점은 개연성이 크다. 다수의 문장 단편들 혹은 구조들은 억제된 연결이 없어짐으로써 동시에 활성화되며, 다음 처리단계에서 연속적으로 처리되어야만 하기 때문에 서로 연결된다. 흔히 그러듯이 착문법증의 근본문제로 혹은 근본문제의 하나로 과소억제를 가정한다면 무슨 이유로 의미 착어증과 음소 착어증 그리고 착문법적 오류가 흔히 함께 나타나는지 설명할 수 있을 것이다(Schlenck, 1991:225). 이 경우 손상이 되지 않은 체계에서는 억제되었을 기재항이 활성화된다.

4.4. 언어 이해

언어 이해는 낱말 이해, 문장 이해, 텍스트 이해로 구분되고, 직접적으로 관찰하는 것은 불가능하다.

언어적 진술을 하는 화자에게는, 가능하다면 **청자의 반응**을 이용할 수 있다. 이는 언어적으로 혹은 비언어적으로 일어날 수도 있고, 즉각적으로 혹은 시차를 두고 일어날 수도 있다. 이 반응은 다시 원래의 발화자에 의해서 해석되거나 이해되어야 한다. 다음에는 몇 가지 이해의 기본적인 절차에 관해서 설명될 것이다.

이해의 분석에서 논의의 핵심은 이해에서 상향식 절차와 하향식 절차가 어떻게 상호작용을 하는가 하는 문제이다. 구체적으로 언어학적 정보처리와 관련해서 문제가 되고 있는 것은 의미를 이해하기 위해서 발화를 완전히 언어학적으로 고찰할 필요성이 정말로 있는가 하는 점이다. 이 점은 통사적 처리의 한 예를 들어 설명될 것이다.

출발점은 DER GROSSWILDJÄGER SCHIESST DEN LÖWEN(야생동물 사냥꾼이 사자에게 총을 쏘았다.)이라는 문장이다. 이 문장은 분명 소위 **핵심낱말전략**을 통해 이해가 가능하다. 〈GROSSWILDJÄGER〉와 〈SCHIESSEN〉 그리고 〈LÖWEN〉을 이해하는 사람은 자기의 **세계관**을 바탕으로 그 문장의 의미를 이해할 수 있다. 이 경우 정확한 통사분석을 할 필요는 없다. 통사분석을 한다면, 결과는 DER가 행위자(행위를 하는 주어)이고 DEN은 목적어라고 더 자세히 명명하는 것일 것이다. 즉, 야생동물 사냥꾼(GROSSWILDJÄGER)이 행위를 하고(구체적으로는 총을 쏘는 행위 SCHIESSEN) 사자(LÖWEN)가 희생자가 된다.

핵심낱말전략과 세계관만으로 DER GROSSWILDJÄGER TÖTET DEN LÖWEN(야생동물 사냥꾼이 사자를 죽였다.)과 같은 문장들은 이해될 수 없다. 야생동물 사냥꾼(GROSSWILDJÄGER)뿐만 아니라 사자(LÖWEN)도 상대방을 죽일 수 있다. 문법적 분석(DER-행위자, DEN-목적어)을 통해서야 비로소 누가 누구를 죽였는지 어떤 경우이든 분명히 해 준다. 그러나 흥미롭게도 사람들은 두 번째 문장을 문법적-통사적 분석을 하지 않고도 정확하게 의미 해석할 수 있다. 그 이유는 소위 **행위자우선전략** 때문인데, 그에 따르면 문장에서 첫 번째 명사구는 행위를 수행하는 주어(행위자)라는 것이다. 독일어의 기본 어순에서 실제로 행위자가 전형적으로 첫 번째 위치에 나온다는 점이 이 전략의 배경이다.

주어가 첫 번째 위치에서 옮겨 없어지고 다른 문장 구성소가 첫 번째 자리로 이동되어 있는 문장, 즉 **주제화**가 일어난 문장이라야 비로소 그 문장을 정확히 해석하기 위해서 **통사적 정보처리**가 필요하다. 사람들은 DEN LÖWEN TÖTET DER GROSSWILDJÄGER라는 문장을 세계관과 핵심낱말전략으로도 행위자우선전략으로도 정확히 해석할 수 없다.

> 예가 분명하게 보여 주듯이, 이해할 때 하향식 전략은 중요하다. 예컨대 세계관과 기대, 선지식을 통합할 때 이 전략은 발화를 누군가가 이해하는지, 이해한다면 얼마나 신속하게 하는지 알아보는 경우 핵심적인 역할을 한다.

상향식 처리에 엄격하게 기반하지 않은 이해전략들을 우리는 **경험론적 전략**이라고 부른다.

이해 프로세스의 본질적인 부분은 **화용론**이다. 모든 독자들이 익히 알고 있듯이, 언어적 발화는 크든 작든 실제적인 **의도**와 심하게 모순된 **문자적 의미**를 가지고 있는 경우가 종종 있다. 우리는 화용론적인 능력이 있기 때문에 소위 말하는 간접적 화행을 이해할 수 있는 입장에 있다. 예를 들어, "그런데 여기 덥네!" 라는 발화로 누군가가 창문을 열어 주기를 바랄 경우에 그렇다. 이 예에서 우리는 '이해' 개념이 서로 다른 두 가지 형태로 나타남을 알 수 있다.

- 한편으로 이해한 사람은 화자가 그 공간이 실제로 덥다는 생각을 가

지고 있음을 그저 아는 것이다.

- 그러나 다른 한편으로 화자의 시각을 '제대로 이해한' 사람은 너무 더운 상황을 바꾸기 위하여 창문을 실제로 여는 사람뿐이다.

이러한 방법으로 **형식적 측면**(의미론, 형식)이 **기능적 측면**과 모순되어 있는 예가 많이 있다. 예를 들어, 의문이 명령으로 혹은 기원이 원망으로 사용되는 경우에 그렇다.

이해할 때에 우리는 종종 소위 **추론**을 할 필요도 있다. 다음 예에서 A는 B의 대답으로부터 B가 오지 않을 것임을 추론할 수 있다. A는 B가 자기 어머니를 돌보아 드려야 하기 때문에 A에게 올 수 없다고 추론한다. A의 대답도 그에 상응하게 이루어진다.

A: 오늘 저녁에 오니?

B: 어머니가 편찮으셔.

A: 그래, 그럼. 다음 주에나.

이해력 검사에서 가장 큰 문제는 좋은 실험지침을 찾는 것이다. 지능과 일반적인 해결전략에 근거해서 소위 언어이해 검사를 정확하게 통과하는 것이 가능하다는 것을 너무도 흔하게 보게 된다(예를 들어, 정확한 그림들을 고른다). 심지어 순수한 언어적인 정보처리에서 장애를 보이는 경우조차도 그렇다. 그림 카드를 가지고 작업(예를 들어, 문장/낱말-그림 짝맞추기)을 할 때에는 기본적으로 적절한 전향자(distractor)를 준비하는 것이 중요하다. 왜냐하면 상황에 따라서는, 심지어 도치되고 주제화된 문장이 나타나는 복잡한 연습문제도 아주 간단한 전략이나 연습문제 구조에서 얻을 수 있는 암시를 바탕으로 풀릴 수 있기 때문이다.

4.4.1. Friederici 모델

Friederici(1987)는 언어 이해의 기본적 프로세스와 구조를 도식화한 소위 **병렬 인터페이스 모델**(parallel interface model, [그림 4-13])을 제안했다. 이 모델은 병렬적으로 작동하는 두 개의 체계를 포함하고 있다.

- **언어체계**에서는 언어 입력이 우선 음운적으로, 그 다음 통사적으로 그리고 마지막으로 의미적으로 처리된다. 이 모든 세 가지 층위는 독자적으로 작동하고 조합적인 처리 층위를 형성한다. 이 세 가지 층위 모두는 문법형태소에 대한 특별 하위 어휘부가 더 설정되는 심성 어휘부로부터 온 정보를 얻는다.
- **개념체계**에서는 언어체계에서 생성된 표상(전형적으로 '문자적 의미')이 일반적인 처리부를 통해 처리된다. 이 처리부에서는 이해해야 할 발화를 **화용론적으로 정확하게 해석하기** 위하여 문맥(예를 들어, 몸짓,

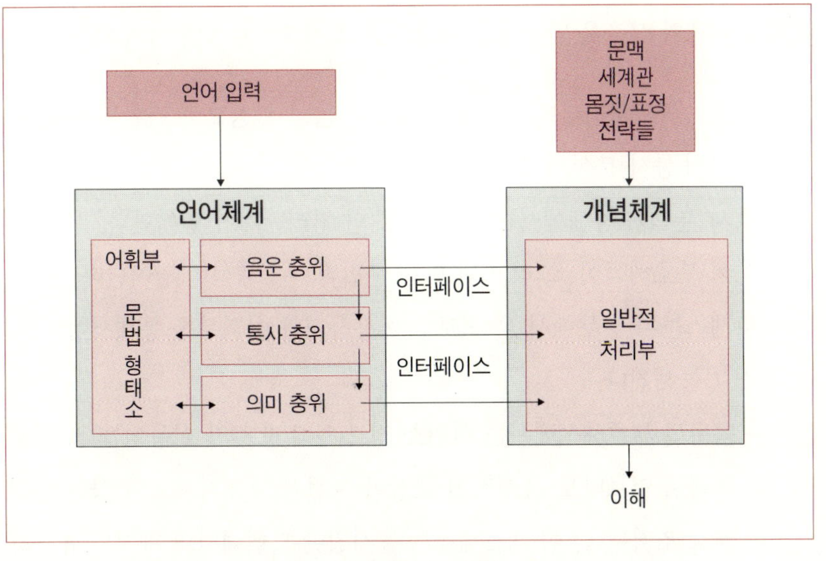

[그림 4-13] 병렬 인터페이스 모델(Friederici, 1987)

표정)과 세계관에 기초한 정보 내지는 일반적인 이해전략이 고려된다.

흥미롭게도 개념체계는 언어체계가 그 자체로 조합적이고 독립적으로 구성되어 있음에도 불구하고 개별 언어적 층위에서 온 정보들을 초기에 사용한다. 그 이유는 개별 층위들이 정보를 차상위 언어적 층위에만 전달하는 것이 아니라 병렬 인터페이스를 통해서 항상 개념체계에도 전달하기 때문이다. Friedeici의 접근법에서 중요한 것은 언어체계가 자동적으로 언어입력의 언어학적 분석을 생성해 낸다는 가정이다. 심지어 핵심낱말전략만으로도 이해가 가능해서 언어학적 분석이 전혀 필요하지 않은 경우에도 그렇다고 가정한다.

4.4.2. Levelt 모델

Levelt(1983)에 따른 이해 모델([그림 4-14])은 흡사 발화산출 모델을 거울에 비추어 놓은 것과 같다. 이 모델은 음향-음성 처리부와 통사 분석기 그리고 이해와 산출을 담당하는 개념화부 세 부분으로 이루어져 있다.

- **음향-음성 처리부**에서는 언어 신호가 **음성 표상**으로 변환되는데, 이 표상이 통사 분석기에 입력된다.
- **통사 분석기** 자체에서는 주로 두 개의 처리단계가 일어난다. 우선 음운적 부호해석이, 그러고 난 다음 문법적 부호해석이 일어난다. 두 프로세스는 어휘부에서 온 정보를 이용하거나 어휘부를 통해서야 비로소 가능해진다.
  - **음운적 부호해석**에서는 어휘소 정보(형태 정보)가 이용되는데, 이를 통해 무엇보다도 음성적인 표상이 분절적 형태적으로 구성된 연결체로 조직된다. 이 프로세스는 동시집단 모델에서의 과정과 유사하

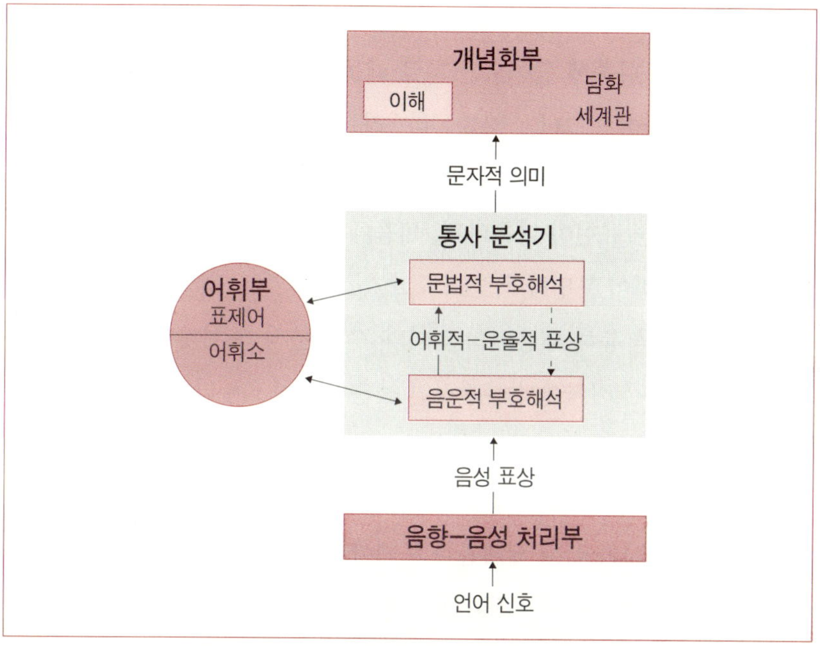

[그림 4-14] 언어이해 모델(Levelt, 1993)

게 진행된다고 할 수 있다([그림 4-14]). 내용어들은 전형적으로 어두에 더 강한 강세가 오기 때문에 형태론적 구성은 그 외에 운율 분석의 도움을 받는다. 음운적 부호해석의 결과는 문법적 부호해석 프로세스로 보내지게 되는 **어휘적-운율적 표상**이다. 점증적인 절차는 이해를 위해서도 적용된다. 다른 말로 하면, 음운적 부호해석을 통해 낱말이 인식되자마자, 발화의 나머지 부분이 처리되기도 전에 바로 다음 단계로 보내진다.

- **문법적 부호해석**에서는 한편으로는 의미적 처리단계가, 다른 한편으로는 통사적 처리단계가 필요하다. 두 단계 모두 상대적으로 상호 독립적으로 수행된다.

통사적 부호해석에서는 들어오는 자료에 근거하여 항상 가장 단순한 구조가 생성된다. 나중에 들어오는 자료 때문에 불가피할 경우 재분석이 수행된다. 예를 들어, '그녀__ 쓰다듬다.' 라는 문장의 일부분이 주어져 있을 경우, 명사구가 주격(즉, 문법적 주어)이라고 가정된다. 그러나 바로 이어서 '그 남자가' 라는 표현이 나온다면, 처음에 나온 명사구는 대격(즉, 문법적 목적어)이라는 점이 분명하다.

의미적 분석을 통해 내용어의 의미와 각 부분의 (의미적인) 기능이 생성된다. 문법적 부호해석에서 본질적인 몫은 어휘부로부터 전달된 표제어의 정보이다. 통사 분석기는 말하자면 문자적 의미를 생성해 내고, 이 의미가 그 다음 처리를 위해 개념화부에 입력된다. 개념화부에서는 문자적 의미를 담화로 가공하는데, 이때 세계관과 문맥이 중요한 역할을 한다. 그런 다음에야 비로소 언어적 표현이 정확하고 완벽하게 이해될 수 있다.

4.4.3. 실어증 환자의 언어 이해

신고전주의적 학설에서는 이해능력이 감별진단의 역할을 하지 못한다.

그러나 오래전부터 이해는 복잡하고 다층적인 프로세스라고 알려져 있다. 다양한 요인에 의해 영향을 받을 수 있는 이 프로세스는 증상군이 분명하게 구분된다.

실어증 연구의 핵심적인 질문은 이해와 산출에서 필연적으로 **병렬적인 결손**이 나타나느냐 아니냐 하는 것이다.

실어증의 정의에 따라서 이 질문에 대한 답은 상이할 수 있다. 어떤 정의를 취하느냐에 관계없이 다음 사항을 확실하게 말할 수 있다. 즉, 비록 실어증 환자들이 종종 이해에 문제가 있고, 그 문제의 중요 요인은 산출에서 문제가 된 언어학적 층위와 동일한 것이 사실이지만, 양상들 사이에는 분명한 기능적 차이가 존재하고, 또 **양상별로 특수하게 국한된 장애**가 있음을 보여 주는 일련의 연구들이 있다(Tyler, 1987). 따라서 산출 기능과 수용 기능을 구분해서 고찰하는 것이 바람직하다.

실어증 환자가 이해의 문제를 가지고 있다는 말 자체는 그다지 많은 정보를 주지 못한다. 이미 언급한 바와 같이 문제는 음운 층위와 의미 층위 그리고 (형태)통사 층위에서 나타날 수 있다. 이미 소개한 모델들에 비추어 볼 때 일반적으로 실어증의 경우 개념체계(내지는 개념화부)에는 영향을 끼치지 않는다고 가정된다. 실어증 환자가 가지고 있는 이해력 부족의 원인은 언어체계 내지는 통사 분석기에 있을 수 있다. 실제로 우리는 핵심적인 이해의 문제들을 앞에 소개한 모델들의 개별적인 부분 영역에서 발생하는 것으로 볼 수 있다.

음운적 부호해석에서의 문제 내지는 음운 층위에서의 문제는 다음에 이어지는 프로세스 혹은 층위에서 계속 정보를 처리할 토대가 없어지는 것이므로 그 파급 범위가 매우 넓다. (종종 베르니케 실어증 환자라고 분류되는) 특정 실어증 환자들은 음운적 부호해석에 문제를 가지고 있다고 추측된다(Goodglass, 1993:126 개관 참조). 그럼에도 불구하고 많은 환자들은 최소쌍([tʏr] 대 [tor])을 이루는 요소들을 구분할 수 있는데, 이런 사실은 주된 문제가 음운적 부호해석에 있지 않다는 것을 보여 준다(Baker et al., 1981). 뿐만 아니라 이러한 환자들의 여러 기능장애의 원인은 의미적이다. 즉, 이러한 이유에서도 병리학적 주된 원인이 일반적으로 음운론적일 수 없다.

음소를 틀리게 할당함으로써 내용어의 경우 음성적으로 유사한 낱말의 의미로 잘못 알아듣게 된다. 이 점은 음운적 전향자를 포함하는 낱말-그림 짝맞추기 과제에서 확연히 나타난다. 어휘부는 다양한 하위 구성부분들로 이루어져 있기 때문에(로고젠 모델) 어휘부의 장애는 다양한 양상으로 나타난다.

- 어휘소 장애의 경우 음운적 오류가 나타날 것으로 예측된다. 낱말-그림 짝맞추기에서 음운적 전향자가 선택될 것이다.
- 표제어 장애의 경우 의미적 오류가 나타날 것으로 예측된다. 낱말-그림 짝맞추기에서 의미적 전향자가 선택될 것이다.

그렇다면 사람들은 음운적 부호해석의 문제를 어휘소의 장애와 어떻게 구분할 것인가? 음운적 전향자를 선택한 것만으로는 어떠한 암시도 얻을 수 없다. 즉, 여기에서는 로고젠 모델에서와 같은 절차를 밟을 필요가 있다.

내용어의 경우 통사적인 처리는 손상받지 않은 상태에서 유독 이해의 문제가 독립적으로 중점적으로 계속해서 발생한다. 즉, 다른 프로세스들을 상대적으로 손상시키지 않는 특정한 (낱말)의미적인 장애라고 할 수 있다.

수많은 이해에 관한 연구들이 통사론 층위에서 이루어졌다(Caplan, 1987). 통사 층위에서의 문제 내지는 **문법적 부호해석**의 문제들은 무엇보다도 실문법증을 보이는 브로카 실어증 환자를 대상으로 연구되었다. 그 이유는 이들에게는 표현적 실문법증말고도 수용적 실문법증이 있다는 가정 때문이었다. 그리고 실제로 이러한 환자들은 일상생활에서 증명할 만한 좋은 이해력을 가지고 있고 낱말 이해력도 좋음에도 불구하고 통사구조의 정확한 분석에 근거해야 이해가 가능한 문장들을 이해하는 데에는 어려움을 가지고 있다는 사실이 분명하게 드러난다. 실문법증 환자들은 주로 일반적인 경험론적 전략으로 문장을 이해할 것이라고 가정된다.

단순한 구조를 가진 많은 문장들의 경우 실제로 핵심낱말전략과 세계관 그리고 행위자우선전략을 통해야 정확한 해석이 가능하다. Friederici 모델에 근거한다면 일반적인 처리부가 통사적인 장애를 쉽게 눈에 띄지 않도록 해 준다고 할 수 있다. Friederici는 그녀의 모델에서 문법형태소를 위한 하위 어휘부를 설정한다. 그렇다면 실문법증에서는 바로 거기에 저장되어 있는 요소들에 접근하는 부분이 문제이거나, 폐쇄부류의 정보를 통사적으로 이용할 가능성에 제약이 있다고 할 수 있을 것이다. 이러한 입장은 실문법증 환자의 이해에 대한 '어휘적' 가설로 알려져 있다.

Caplan & Hildebrandt(1988)가 100명이 넘는 실어증 환자에 대한 연구를 토대로 보여 주었듯이, 통사적 이해의 문제는 물론 보스턴 유형의 고전적인 분류체계와 좋은 상관관계를 보여 주지 않는다. 다른 말로 하면, 수용적 실문법증은 브로카 실어증에 국한되어 있지 않고 다양한 증후군에서 나타나고, 표현적 실문법증이 반드시 수용적 실문법증과 함께 나타나는 것은 아니다.

그러나 문장 층위에서 이해의 문제는 낱말 층위에서의 의미적 문제로 인해서도 일어날 수 있다. 예를 들어, 동사의 의미가 문제가 되는 경우에 그렇다.

통사 분석기 내지는 언어체계로부터 오는 정보가 불충분하기 때문에 실어증의 경우 개념화부 내지는 개념체계가 과도하게 일반적인 전략을 이용하는 데에 의존한다. 이와 관련하여 실어증 환자는 텍스트의 이해에서 음운적 측면이나 통사적 혹은 의미적 측면의 어려움으로 인해 관련된 언어적 정보의 처리가 불가능해지는 문제들을 갖게 될 것이라는 점도 분명하다. 그럼에도 불구하고 실어증 환자들은 일종의 '포괄적인' 이해를 통해 종종 그 연관성을 잘 파악할 수 있다.

실어증 환자의 이해는 특정 손상 부위 외에 일반적으로 **다양한 요인에 의해 영향을 받는다**는 점이 드러난다.

Schulte & Brandt(1989)는 일반적으로 실어증 환자와 관련된 본질적이고 중요한 점을 다음과 같이 나열한다.

- 우선 **언어적 요인들**을 꼽을 수 있다.
  - 통사적으로 복잡한 긴 문장이나 수동형 문장 혹은 주제화된 문장은 통사적으로 단순한 짧은 문장이나 능동형 문장 혹은 주제화가 이루어지지 않은 문장보다도 이해하기 더 어렵다.
  - 직접적인 의미, 잉여성, 구체적인 내용과 아주 빈번하게 출현하는 낱말들은 이해를 용이하게 만든다.
- **표현적 요인**에는 강세, 음의 강도, 발화 속도와 휴지의 설정 그리고 휴지의 빈도가 해당된다. 이러한 것으로도 환자의 이해능력은 긍정적으로 영향을 받을 수 있다.
- **청자 요인**은 주의, 흥미, 피곤, 일상적 규범과 이해에 (부정적으로) 영향을 미칠 수 있는 기타 개인적 특징이다.

4.5. 길라잡이

모델에 기초한 진단을 통해 실어증 증상을 파악하는 것은 인지신경언어학의 핵심이다. 이러한 논의에서 로고젠 모델은 핵심적인 위치를 차지한다. 이 모델과의 논쟁은 아직도 여전히 해 볼 만한 일이다. 그와 관련된 진단은 Blanken(1990)과 Blanken 등(1999)의 자료들로 파악이 가능하고, 또한 LEMO(lexicon model-oriented 어휘부 모델지향적, De Bleser et al., 2004)로도 파악할 수 있다.

치료 자료들도 이 모델과 밀접하게 연관되어 있다. 더구나 소프트웨어 내지는 인터넷 기반 치료 자료집들도 로고젠 모델을 지향하고 있다(Seewald et al., 2004).

심리언어학적인 경향의 특수사례 연구의 역동성은 Mortley(1999), White-Thomson(1999), Sheridan(1999)과 Basso(2003:125-152)의 개관에 잘 나타나 있다.

제5장

병의 진행과 결과

Most patients who have suffered acute onset of aphasia improve over the succeeding months. The precise cours of recovery, its speed and duration, and reasons for this are still largely unknown.

갑자기 발병한 실어증으로 고통받는 환자들 중 대부분은 이후 수개월간 호전을 경험한다. 실어증이 호전되는 정확한 경과나 속도, 기간 등은 아직 많은 부분이 밝혀지지 않고 있다.

Basso, 1992:337

An individual's aphasia is a family problem.

한 개인이 겪게 되는 실어증은 그 가족의 문제이다.

Davis, 1983:2909

제5장 병의 진행과 결과

만성기 실어증 환자의 경우 근본적인 언어적 현상이 상대적으로 안정되어 있음에도 불구하고 실어증의 진행과정이 기술될 수 있다. 이 장에서 더 명확히 제시되겠지만, 실어증은 근본적으로 언어학적으로 기술할 수 있는 증상들의 묶음 그 이상이다.

5.1. 실어증의 진행과정과 예후

5.1.1. 진행과정

뇌 손상 이후 일반적으로 나타나는 현상을 토대로 실어증의 진행과정에 대한 근본적인 현상들이 아주 포괄적으로 설명될 수 있다. 뇌 손상(전형적인 실어증의 경우 뇌 외상 혹은 뇌혈관장애) 직후에 소위 자연적 회복이 종종 이루어진다.

자연적 회복이 이루어지는 경우 실어증 증상은 정도의 차이는 있지만 많이 호전된다.

자연적 회복 기간에 대한 진술은 아주 다양하다. 즉, 1개월에서부터(Culton, 1969) 1년 이상에 이르기까지(Sands et al., 1969) 자연적 회복이 이루어진다고 보고되고 있다. 자연적 회복은 전형적으로 6개월(최대 1년까지) 정도에 이루어지며, 그중에서도 처음 3개월 내에 가장 큰 변화가 나타난다고 보고 있다. 그 이후에 관찰되는 회복은 미미하다. 환자들 중 약 1/3은 최대 1년 이후에 발병 이전의 언어 상태에 도달한다.

실어증 내에서도—물론 언어 사용이 아주 다양한 경우—급성기, 급성후기 및 만성기 실어증 간에 차이가 있다.

- **급성기**는 일반적으로 발병 후 1주에서 최대 6주로 제한된다(Wallesch, 1993:18).
- 급성기와 만성기 사이의 기간을 **급성후기**라 한다.
- **만성기**는 늦어도 4~6개월 이후에 시작된다.

급성기와 만성기 실어증의 차이는 특히 뇌졸중의 경우 다음과 같이 요약될 수 있다.

- **급성기 실어증**의 경우 증상이 급격하게 변화하는 현상이 빈번히 나타난다. 급성기는 종종 기본수행능력장애(예를 들면, 집중력, 스트레스에 대한 저항력, 의식)로 특징지을 수 있다.
- **만성기 실어증**은 근본적으로 보다 더 안정적이다. 안정된 증상의 형태(개인별 증후군)는 비로소 만성기에 만들어지며, 급성기에서는 전혀 발견할 수 없다. 기본수행능력장애는 급성후기와 만성기의 언어정보처리에 더 이상 큰 영향을 미치지 않는다.

실어증을 야기한 **병인이 치매**인 경우는 일반적으로 달리 간주되어야 한다. 이 경우는 실어증 증상이 오히려 악화된다는 점에 근거를 둘 수 있다.

일차적 진행성 실어증의 경과는 그동안 많이 연구되어 있다(Duffy & Peterson, 1992; Kirshner, 1995c). 이 연구들에 의하면, 진행성 실어증 환자는 상대적으로 변함없는 인지수행능력과 정상적인 일상수행능력을 지니고 있으면서 언어수행능력에 어려움을 보인다.

일차적 진행성 실어증은 예를 들면, 환자의 언어증상이 인지문제의 일부인 알츠하이머병 환자들에게 나타나는 언어특징들과는 구별되어야 한다. 고립된 언어증상을 보이는 기간은 1년에서 15년까지 나타날 수 있다. 그러나 일차적 진행성 실어증의 증상들은 진행과정 동안 변화가 심하게 나타날 수 있기 때문에 특히 정확한 수행능력에 대한 정기적인 파악이 필요하다.

5.1.2. 예후

실어증의 진행과정에 영향을 미칠 수 있는 여러 가지 **예측요인**들이 문헌에 소개되고 있다(Kertesz, 1984; Basso, 1992). 이것들은 대개 예후에 관해 자주 제기된 질문에 대한 중요하고 납득할 만한 요인이긴 하지만, 통계적 경향의 표현에 지나지 않으며, 독립된 개별 사례에 대해서는 전혀 예후를 확신할 수 없다.

증후군의 측면에서 특정한 증후군은 다른 증후군보다 예후가 더 좋다. 즉, Huber et al.(1989)에 의하면, 명칭 실어증(anomic aphasia)의 예후는 좋으나, 전반 실어증(global aphasia)의 예후는 그렇게 좋지 않다. 이것은 실어증의 심한 정도와 관련이 있어 보인다.

실어증의 원인이 된 사건 이후에 실어증 증상으로 **판명이 된 시점**이 중요하다. 이 시점이 늦어질수록 예후는 더 나빠진다.

Wade et al.(1986)의 결과가 이를 잘 설명해 주고 있는데, 1주일 후에 실어증 증상을 보이던 환자들 중 단지 1/4만이 6개월 이후에도 여전히 실어증을 보였다. 뇌졸중을 앓고 난 후 3주가 지나서야 실어증을 보이던 환자들 중 82%가 6개월이 지난 시점에도 여전히 실어증을 보이는 것으로 보고되었다. 급성기에 있는 환자들 중에서 의사소통 시 상황을 이해하는 능력이 양호한 환자일수록 예후가 좋은 것으로 나타났다(Wallesch, 1993).

종종 **성**(gender)이 예후요인으로 기술되는데, 여자들이 남자들보다 예후가 더 좋은 것으로 증명되고 있다(Basso et al., 1982). 그렇지만 또 다른 정확한 분석(Basso, 1992)에서는 성에 차이가 없는 것으로 나타나서, 여자가 남자보다 예후가 더 좋다는 두 가지 가설이 상이한 연구들에 의해 뒷받침되고 있음을 보여 준다.

명확하지 않은 또 다른 요인은 환자의 **손잡이**(handedness)이다. Gloning et al.(1976)은 107명의 실어증 환자를 연구한 결과 왼손잡이가 오른손잡이보다 더 좋은 예후를 보인다고 보고하였다. Basso et al.(1990)은 손잡이와 관련하여 회복에 어떤 차이도 발견하지 못하였다.

예후에는 병인, 뇌 손상 부위와 범위가 중요한 역할을 한다.

병인의 경우 뇌 외상으로 인해 생긴 실어증이 뇌혈관장애로 야기된 실어증보다 더 좋은 예후를 보인다(Luria, 1970). 이것은 물론 뇌혈관장애 환자보다 뇌 외상 환자들이 더 젊고, 전체적, 신경학적으로 더 안정적이라는 이유 때문이다. 치매를 앓고 있는 환자가 실어증을 보인 경우는 당연히 예후가 더 좋지 않다.

손상 부위의 크기는 실어증 증상의 심한 정도와 직접적인 관련성을 갖고 있다. 손상 부위가 크면 클수록 실어증 증세는 더 심하다(Kertesz, 1979). 그렇지만 손상 부위가 회복 자체에 얼마나 큰 영향을 미치는지에 대해서는 상대적으로 명확하지 않다.

많은 학자들은 **손상 부위**와 나타나는 증후군이 밀접한 관련을 맺고 있다고 본다. 만약 그렇다면, 어떤 증후군은 다른 증후군보다 더 좋은 예후를 보이기 때문에 당연히 손상 부위가 예후를 결정짓는다. 일반적으로 전반부 손상이 후반부 손상보다 예후가 더 좋은 것처럼 보인다.

실어증 환자의 **나이** 자체는 증상의 회복 혹은 성공적인 실어증 치료에 근본적인 역할을 하지 못한다(Basso, 1992). 보다 젊은 실어증 환자들이 보다 좋은 회복의 기회를 보인다는 연구들이 있긴 하지만, 나이가 그룹을 구별하는 유일한 기준이 아니기 때문에 이것은 종종 명확하지 않다.

예후에 영향을 미치는 다른 요인들로 동반 장애, 동기, 사회적 환경(Boisclair-Papillon, 1993:178-185) 및 일반적인 건강 상태가 있다. 발병 이전의 높은 지능 수준 또한 예후를 좋게 하는 요인이다(Prosiegel, 1991:22).

5.2. 실어증의 결과

실어증 환자들은 언어적 문제 외에도 많은 다른 문제들과 투쟁해야 한다. 일반적으로 뇌졸중 이후에, 특히 만성기 실어증을 보이는 경우에는 종종 **심리사회적 후유증**이란 개념으로 이해되는 많은 개인적 문제들이 존재한다(Williams, 1996). 이것은 실어증 환자들의 재활에 있어 큰 걸림돌이 된다. 신체적 제약(예를 들면, 경증 편마비 혹은 반신불수)과 같은 동반장애는 전형적으로 다음에 열거하는 문제점들을 더 부각시키는 결과를 초래한다. 그렇지만 이 장에서는 여기에 대해서 더 이상 언급하지 않기로 한다.

뇌졸중은 종종 환자들의 **정서 변화**를 초래한다. Gainotti(1972)는 세 유형을 기술하고 있다.

- 혼란스러운 반응(불안, 공격적 태도, 절망, 욕설 등)
- 불안과 우울증의 다양한 표현
- 무관심에서부터 조증에 이르기까지 다양

좌반구 손상의 경우 혼란스러운 반응들이 특히 빈번히 나타난다. 마찬가지로 병식결여증(anosognosia) 또한 실어증 환자들에게 자주 나타난다.

Létourneau(1993)는 실어증 환자들에게 보이는 전형적인 증상들로 공포의 상태, 문제점의 부인, 비현실적 기대감, 퇴행, 자기중심주의 및 소아증, 자기가치의식의 상실, 외로움 및 고립감, 정서적 불안감, 공격적 태도, 수치감 및 죄책감, 수동적 태도, 자제력 상실, 조증, 우울증 등을 기술하고 있다.

5.2.1. 우울증

종종 등한시되는 주요 테마는 실어증 환자들에게 나타나는 우울증이다. 뇌졸중 이후에 나타나는 우울증은 사실 흔한 일이다. 이에 대한 진술은 20~80%로 다양하다(Robinson & Starkstein, 1990; Williams, 1996:306 참조).

실어증 환자들 중 어림잡아 1/3이 우울증 증세를 보인다(Herrmann et al., 1992).

비유창성 실어증 환자들이 유창성 실어증 환자들보다 우울증 증세가 더 심한 것으로 보고된다(Robinson & Benson, 1981). 우울증을 보이는 신호로는 불면증, 피로, 무기력, 무능력감, 무가치감, 자기연민, 죄책감, 과소 평가된 수행능력, 집중력 결핍, 무관심, 경도의 혼란 증세, 수의적인 운동 시 불안, 제한된 의사소통, 결정 거부, 비관, 울음, 자살 생각 등이 있다.

우울증 증세는 뇌졸중이 발병한 후 첫 2년 동안 언제라도 나타날 수 있다(Robinson & Starkstein, 1990). 물론 뇌졸중 이후에 생긴 우울증이 인과율적으로 뇌 손상과 관련이 있는지 혹은 순전히 (가족, 직업 등과 관련한) 새로운 상황에 대해 반응하는 것인지가 중요한 질문이다. 그 때문에 Herrmann et al.(1992:19ff)은 실어증의 진행과정과 어느 정도 연관이 있는 일차적, 이차적 및 삼차적 우울증의 변화를 구분하고 있다.

- **일차적 우울증**은 대뇌혈관 손상의 직접적 후유증이다(특히, 중간대뇌동맥(middle cerebral artery)에 의해 혈액공급이 이루어지는 좌뇌 영역의 손상).
- **이차적 우울증**은 실어증 (그리고 다른) 문제에 대한 인식과 대처능력에 대한 좌절로 생긴다. 특히 자기 병의 결과와 범위를 수용하려 하지 않고 그리고/혹은 빨리 다시 완쾌되기를 희망하는 실어증 환자들 중에서 이차적 우울증이 생긴다. 이 경우 광범위한 진단 검사와 치료시설이 마련된 재활기관에 입원하여 치료를 받는 것이 종종 결정적인 해결 실마리를 제공해 준다.
- **삼차적 우울증**은 변화된 심리사회적 상황에 대한 반응으로 나타나며, 특히 환자들이 입원치료를 받고 나서 다시 가정에서 일상생활을 영위하고 싶어 하나, 이것이 만성 질환으로 인해 단지 제한적으로만 일상생활이 가능할 경우에 생긴다.

우울증은 재활에 부정적인 영향을 미친다. 특히, 좋은 치료 결과를 낼 수 있는 발병 후 처음 반 년 동안에 생긴 우울증 증세는 재활을 아주 더디게 할 수 있다.

5.2.2. 사회적 환경

환자 자신뿐만 아니라 실어증 환자를 둔 **가족구성원**들 또한 많은 문제점들과 싸워야 한다(Johannsen-Horbach et al., 1993). Buck(1968)과 Davis(1983)는 실어증을 '가족병'으로 규정한다. 가족은 정확히 분배된 역할을 지닌 체계이다. 가족구성원 중 한 사람이 자신의 역할을 수행하기 어렵게 되면 자동적으로 다른 가족구성원의 역할이 바뀌게 된다. 그래서 생길 수 있는 어려움을 Währborg(1991:38f)는 다음 세 영역으로 요약하고 있다.

- 가족구성원 자체가 우울증 증세를 보인다(불안, 죄책감, 흥분 등).
- 실어증 환자, 배우자 및 가족구성원들 사이의 상호작용 방법과 질이 바뀐다.
- 실어증 문제에 대한 빈약한 혹은 부족한 지식이 오해를 야기하고, 종종 가족구성원이 비현실적인 기대를 갖게 되는 결과를 초래한다.

이미 Biorn-Hansen(1957)이 가정에서의 역할이 바뀜에 대해 보고하고 있고, 환자의 성생활도 제한된다는 보고가 있으며(Létourneau, 1993:80-83 참조), 가족구성원의 과잉보호적 반응을 토대로 살펴본 환자들의 의존성에 대한 보고도 나오고 있다. 실제로 배우자는 실어증이 있는 배우자의 과제를 떠맡아야 한다. 경제적 상황, 교육, 일상생활의 문제들이 갑작스럽게 정상적인 배우자의 과제로 남게 된다. Labourel & Martin(1993:160ff)은 실어증이 있는 부모와 자녀 간의 관계 변화에 대해 기술하고 있다. 특히, 남자들은 실제로 혹은 자칭 권위상실이라는 어려움을 갖고 있다.

새로 성립된 가족상황에서 중요한 것은 환자가 상황에 맞게 다시 최대한 독립심을 기를 수 있도록 하는 것이다. 그렇지만 과잉보호로 인해 실어증 환자들은 가족구성원들에 의해 종종 어린아이와 같이 취급된다. 환자 스스로 극복할 수 있는 행동들조차도 가족구성원들이 해 버린다. 이런 식으로는 노력해서 얻고자 하는 (부분적) 자율성이 이루어질 수 없다.

그 밖의 심리사회적 후유증은 **사회적 고립**과 생업에 종사하는 환자들의 경우 종종 **직업 상실**로까지 이어진다는 것이다. 언어적-의사소통적 장애로 인해 지금까지 행해 오던 사회 접촉을 유지하는 것이 종종 더 이상 가능하지 않게 된다. 더군다나 대부분의 실어증 환자들의 경우 직장에 다시 적응하는 것이 더 이상 불가능하며, 부수적인 신체적, 인지적 장애문제는 제쳐두고서라도 직장생활의 필요한 조건은 언어적 능력에 달려 있다.

5.3. 길라잡이

Kessler et al.(2003:66-71)은 실어증의 진행과정과 그 기초를 이루고 있는 메커니즘에 대해 간략히 설명하고 있다.

환자들과 그 가족들에게 실어증은 참담한 것이다. 이것은 증상과 개인별 증후군의 고찰 시 결코 간과되어서는 안 된다. Lyon(1998)의 『실어증 대처기술(coping with aphasia)』에 실어증과 실어증으로 인해 야기되는 제반 문제점에 대해 어떻게 대처해 나갈 것인지 아주 자세히 설명되어 있다. 실어증의 심리학적 측면에 대해서는 Tanner(1996)를 참조하기 바란다.

실어증 환자와 그의 가족에 대한 문제는 독일 실어증연방협회에서 출간하는 잡지인 '실어증'과 '뇌졸중'에서 자세히 다루고 있다.

제6장

진단과 치료

What a clinician sees, or at least deems worthy of note, in his assessment of aphasic patients is determined, in large part, by his own preconceptions.

실어증 환자에 대한 평가 중에서 임상가가 주시하거나 혹은 적어도 주목할 만 하다고 여기는 것은 상당 부분 그 자신의 선입관에 의해 결정된다.

Benton, 1984:41

[T]here is sufficient experimental evidence that aphasia therapy in general is effective for aphasic patients.

실어증 치료는 일반적으로 실어증 환자에게 효과가 있으며, 이에 대한 충분한 실험적 증거들이 존재한다.

Basso, 2003:xi

제6장 진단과 치료

의학적 측면에서 조기에 상응하는 치료적 조치를 시작할 수 있게 하기 위해서는 실어증 유무를 신속하게 결정해야만 한다. 확실한 언어치료를 위한 기본 토대는 언어치료적 감별 진단이다.

6.1. 실어증 진단

진단은 **이론과 목적에 좌우된다**. 이런 연유로 여러 관점에서 상이한 진단도구들이 구별된다. 어떤 도구든 간에 일차적으로 다음과 같은 질문이 제기된다.

- 실어증이 존재하는가?
- 어떤 능력이 양호하고, 어떤 능력이 손상되었는가?

실어증이 존재한다면 어떤 언어치료적 중재를 계획할 것인지가 설명될 수 있다.

언어치료의 **진행과정과 효율성**을 파악할 수 있는 진단도구를 갖추는 것은 중요하다.

시간경제적-임상적 관점에서 빠른 시간 내에 진단을 하는 것은 중요하다. 의학적 진단에서는 언어치료적 심화 검사 혹은 치료적 조치가 즉각 이루어질 수 있도록 몇 가지 주증상을 토대로 빨리 결정을 내리는 것이 보통이다.

신고전주의적 증후군 이론이 이런 필요에 상응한다. 실문법증, 음소 착어증과 같은 몇 가지 **주증상**을 토대로 브로카 실어증과 같은 **진단**이 이루어지며, '브로카 실어증' 이란 진단명을 가지고 환자에 대한 근본적인 정보들이 전달될 수 있다. 그 때문에 증후군이란 아이디어는 비판을 많이 받고 있음에도 불구하고 여전히 지지를 얻고 있다(LaPointe, 1997).

최초의 질문이자 결정적인 질문은—이미 언급했다시피—동일한 실어증의 특수한 형태와는 독립적으로 존재하는 실어증이 정말로 존재하는가이다. 이 질문에 대답하기 위해서는 특정한 기준에 따라 질문을 해야 한다. 이것은 실어증의 정의에 부합해야 한다. 이 기본 체계는 부분적으로 논쟁의 여지가 있다는 사실을 1장에서 이미 언급하였다. 비견한 예로 치매 환자들에게 실어증이 존재할 수 있는가 혹은 존재할 수 없는가를 들 수 있다.

실어증을 **신경학적, 다중양상의 언어정보처리장애**라고 규정하는 것에서 출발한다면, 한편으로는 신경학적으로 증명할 수 있는 뇌조직의 변화가 존재해야 하고, 또 다른 한편으로는 언어행동이 언어장애가 없는 사람들의 언어행동과는 다른 특정 방식으로 변이를 보이거나 특정한 증상을 보여야만 한다. 통상적으로 전자가 실어증을 야기할 수 있는 병인에 일치한다면 의학적 정보를 토대로 명쾌하게 설명될 수 있다.

비유창성 언어, 보속증, 자곤, 실문법증과 기타 다른 근본적인 실어증 증상은 쉽게 인식될 수 있다. 실어증을 확증하는 문제는 사실 어떤 면에서는 그리 어려운 것은 아니다. 특히 임상 경험이 풍부한 임상가일 경우에는 전혀 어렵지 않다. 그러나 주관적 분별력으로 실어증 환자들의 언어행동과 그에 기초하여 진단을 해서는 안 된다.

확실한 언어치료 진단을 할 수 있기 위해서는 다음과 같은 근본적인 증상에 대한 정확한 기술이 필요하다.

- 각각의 언어학적 층위
- 모든 언어양상(말하기, 듣기, 읽기, 쓰기)

우리는 소위 언어학적 프로필을 작성해야 한다(Tesak, 2005b:29-63). 이 목적을 이루기 위해서는 부분적으로 시간이 많이 걸리는 진단 절차나 검사 절차를 수행하는 것이 불가피하다.

6.1.1. 증상 중심의 검사 절차

실어증 증상의 정확한 기술을 위해 일반적으로 검사대상자들에게 상이한 **과제**를 제시하게 된다. 이런 과제의 해결능력은 검사대상자들의 수행능력을 정확히 파악하는 기본 토대가 된다. 우리는 비형식적 과제 모음과 형식적 검사 절차를 종종 구별한다. 검사들을 간략히 소개하면 다음과 같다.

- 개인별로 필요에 맞춰 만들어지고 개인 경험에 원리를 두고 있는 비**형식적 절차**는 숙련된 임상가에 의해 빈번히 사용된다. 이런 비형식적 절차의 단점은 단지 소수에게 알려져 있고, 비전문가들이 진단의 원리를 이해하기가 쉽지 않다는 것이다. 우연히 수집된 과제 목록은 그 진단 가치가 의심스러우며, 그래서 종종 문제가 된다.
- 임상 경험이 없는 비전문가들에게 원하는 결과를 제공해 주는 표준화된 **검사도구**들이 실어증 진단을 쉽게 해 준다. 표준화된 검사도구를 통해 한편으로는 실어증의 유무를 알 수 있고, 또 다른 한편으로는 근본적인 장애의 핵심을 알 수 있다. 또한 기존 검사도구들을 이용하여 소위 특정한 증후군의 유무를 알 수 있다.

만성기 실어증 환자들에게 사용되는 잘 알려진 표준화된 검사도구들로는 다음과 같은 것들이 있다.

- 웨스턴 실어증 검사(Western Aphasia Battery: WAB, Kertesz, 1980)
- 보스턴 실어증 진단 검사(Boston Diagnostic Aphasia Examination: BDAE, Goodglass & Caplan, 1972)
- 바젤 미네소타 실어증 감별 진단 검사(Basel Minnesota Test für die Differenzialdiagnose der Aphasie: BMTDA, Delavier & Graham, 1981)
- 튀빙엔 루리아-크리스텐센 신경심리학 검사(Tübinger Luria-Christensen Neuropsychologische Untersuchungsreihe: TÜLUC, Hamster, Langner & Mayer, 1980)
- 아헨 실어증 검사(Aachener Aphasie Test: AAT, Huber et al., 1983)
- 간략 실어증 검사(Kurze Aphasieprüfung: KAP, Lang et al., 1999)
- 실어증 체크 리스트(Aphasie Check Liste: ACL, Kalbe et al., 2002)

급성기 실어증 환자들에게 사용되는 검사도구들로는 다음과 같은 것들이 있다.

- 아헨 실어증 병상 검사(Aachener Aphasie Bedside Test: AABT, Biniek, 1993)
- 실어증 예비 검사(Aphasie Schnell Test: AST, Kroker, 2000)
- 실어증 체크 리스트(Aphasie Check Liste: ACL, Kalbe et al., 2002)

검사도구들 사이에는 일부 중복되는 부분이 많이 있다. 예를 들면, WAB, BDAE, AAT는 유사한 전통을 보이고 있다. 즉, 증후군 명칭과 증후군의 정의가 동일하며, 공통적인 기본 가정은 증후군이 증후군을 야기하는 손상에 의해 생긴다는 것이다. 이와는 반대로 TÜLUC와 BMTDA는 실어증의 원인과 현상에 대한 비언어적 영역을 강조하며, 그 결과 실어증의 증후군 명칭과 정의가 다르게 규정된다.

모든 검사도구의 공통점은 더 많은 양상과 다양한 언어학적 층위를 대상으로 환자들의 수행능력을 검사하는 것이다.

ACL은 개인별 증후군의 개념에 토대를 두고 있기 때문에 어떤 증후군을 분류하는 것이 아니라 개인별 능력 프로필을 작성한다.

(1) 가장 많이 사용되는 세 검사도구의 비교

현재 독일어권에서 가장 많이 사용되는 표준화된 세 개의 실어증 검사도구(Screening 수준)로는 AST, AAT, ACL이 있다.

① 실어증 예비 검사

실어증 예비 검사(Aphasie Schnell Test: AST, Kroker, 2000)는 급성기 실어증 환자를 위한 검사도구이다. 검사 부분은 아래와 같다.

- 표현
- 낱말 생성
- 알아듣기
- 쓰기
- 읽기

AST는 최대 15분 내에 검사를 실시할 수 있고, 검사 결과를 평가할 수 있다. AST를 통해 실어증에 대해 신뢰할 만한 정보를 얻고 실어증의 심한 정도도 판단할 수 있다.

② 아헨 실어증 검사

아헨 실어증 검사(Aachener Aphasie Test: AAT, Huber et al., 1983)는 20년 전부터 사용되어 오고 있으며, 오늘날에도 여전히 널리 이용되고 있는 검사도구이다. AAT는 여러 하위 검사들로 이루어져 있다.

- 자발화 평가
- 토큰 테스트
- 따라 말하기
- 이름대기
- 듣고 이해하기
- 읽고 이해하기
- 쓰기
- 소리 내어 읽기

AAT는 전형적으로 뇌졸중과 같은 혈관질환으로 생긴 실어증을 검사하기 위하여 표준화되었다. AAT는 발병 후 6주가 지나야 사용할 수 있다. AAT를 통해 실어증 환자와 뇌 손상에도 불구하고 실어증이 없는 환자들을 구별할 수 있다. 신고전주의적 입장에서 AAT는 증후군별 실어증 내지 분류할 수 없는 실어증으로 구별한다. 상이한 영역에서 얻은 자료를 가지고 언어적 수행능력에 대한 전반적 평가를 할 수 있다. 다른 검사도구들에서 천편일률적으로 검사되고 있는 특정한 영역들, 예를 들면 텍스트 산출, 글로 나타내는 이름대기, 순서 말하기, 비명제어, 수 처리 과제 등은 검사되지 않는다. AAT를 검사하고 평가하는 데는 상당한 시간이 소요된다(60~90분 검사, 60분 평가).

③ 실어증 체크 리스트

실어증 체크 리스트(Aphasie Check List: ACL, Kalbe et al., 2002)는 다음과 같은 과제를 포함하고 있다.

- 의사소통능력 평가
- 순서대로 말하기
- 명령 이행
- 색깔-도형-검사
- 낱말 생성
- 따라 말하기
- 이름대기
- 언어 이해
- 읽고 이해하기
- 쓰기
- 낭독하기

ACL은 추가적으로 기억력, 집중력 및 논리적 사고의 능력 등 비언어적 부분을 포함하고 있으며, 아주 간단한 선별 검사가 실시된다.

ACL은 혈관질환을 가진 환자뿐만 아니라 종양, 염증이 진행되는 환자 및 퇴행성 질환을 가진 환자에게도 사용할 수 있도록 고안되었고 표준화되었다. ACL은 급성기 및 만성기 환자들에게 사용 가능하다. 마지막으로 프로필에 검사한 언어적인 부분 영역을 토대로 장애와 장애 정도를 기록할 수 있도록 되어 있다. 검사 실행과 평가를 위해 소요되는 시간은 약 30~45분 정도이다.

Tesak & Küst(2004)는 AAT와 ACL을 비교하였다. 두 개의 검사도구는 실어증과 비실어증 환자를 구별하고, 두 검사 모두 증상 중심의 치료 계획을 위한 첫 토대로 적합하다.

소요시간과 보다 광범위한 적용 가능성 및 이론적 배경을 토대로 살펴보았을 때 AAT 보다는 ACL이 선호될 수 있다.

AST, AAT, ACL은 언어치료적 감별 진단을 목적으로 하는 절차로서 물론 충분하지 못하며, 그 밖의 언어 중심의 진단을 보완하고 있지도 않다. 그 때문에 각각의 부분 영역을 위해 특정한 능력을 상세히 검사하는 다양한 검사도구들이 만들어졌다(Reitz, 1994; Blanken, 1996). 그 예로 LEMO (De Bleser et al., 2004)를 들 수 있는데, 이는 로고젠 모델을 토대로 낱말 층위에 대한 다양한 개별 진단이 가능하도록 고안되었으며, 총 33개의 하위 검사로 이루어져 있다.

6.1.2. 의사소통 중심의 진단

지금까지 열거한 모든 검사도구들은 일상생활에서 실어증 환자들의 의사소통 상황을 고려하고 있지 않다(Springer, 1996:57f). 평가된 장애의 심한 정도가 의사소통장애의 심한 정도와 반드시 일치하는 것은 아니다.

이것은 바로 **일상생활에서의 의사소통**이 언어치료적 중재의 목적이기 때문에 문제가 된다.

실어증 환자의 기능장애는 낱말찾기장애와 같은 어떤 특정한 문제가 어떻게 영향을 미치는지, 혹은 실어증 환자가 그 문제를 어떻게 다루는지, 혹은 어떻게 그 문제를 풀어 나가는지(예를 들면, 수정행위를 통해) 알 수 없기 때문에 종종 미궁으로 남아 있다.

임상가들은 기능적 후유증과 관련하여 기계적으로 연결되어 있는 일련의 데이터들(예를 들면, 10부터 20까지 정확히 세기)을 정확히 평가해야 하는 과제를 가지고 있다. 의사소통 중심의 진단 문제를 논의의 대상으로 삼으려는 시도가 있음에도 불구하고 이 문제는 해결되지 못하고 있다.

의사소통을 다루고 있는 검사도구로는 통사론적 능력과는 별도로 실어증 환자가 어느 정도까지 특정한 문제(예를 들면, 구두수선하는 사람에게 구두수선을 의뢰하는 것)를 해결할 수 있는지 역할놀이를 통해 검사가 실시되는 암스테르담 네이메이헌 일상 언어 검사(Amsterdam-Nijmegen-Everyday-Language-Test: ANELT, Blomert, 1997)가 있다. 유감스럽게도 ANELT는 비언어적 의사소통의 평가를 제외하고 있어, 실어증 환자들의 의사소통에 있어서 제한된 평가가 이루어질 수밖에 없는 아쉬움이 있다.

역할놀이 또한 추상적 개념이어서 심지어 일부는 충분한 생각을 해야 수행할 수 있을 정도이며, 단지 실어증 환자의 일상생활에 **참여하는 관찰**을 통해서만 중요한 언어치료적 진단을 할 수 있다(Coleman & Wallace, 1996).

담화 분석적 진단은 실어증 환자의 언어와 의사소통의 수행능력을 더 잘 이해하도록 하는 또 다른 시도이다. 이 진단의 기본 생각은 실어증 환자와 정상인 사이의 자연스러운 대화를 녹음해서 전사하고 나서 담화 분석적으로 평가하는 것이다(Bauer & Kaiser, 1989). 핵심은 장애-회복-순서(breakdown-repair-sequence)로 의사소통 수정 행위에 대한 검사이다. Gerber & Gurland(1989)에 의해 고안되고 Bongartz(1997)가 독일어로 번안한 검사도구를 이용하여 언어장애뿐만 아니라 실어증 환자가 일상생활에서 대화하는 과정을 평가할 수 있다. 이로써 치료적 중재를 위한 보다 좋은 토대를 마련한 셈이다.

가족구성원들 또한 실어증 환자의 의사소통 상황에 대한 정보제공자로서 관여하게 된다. 이런 도구들 중 하나가 CETI(효율적인 의사소통 목록 Communicative Effectiveness Index, Lomas et al., 1989)인데, 이것은 독일어로 만들어져 있으며, 아직 표준화되지는 않았다(Schlenck & Schlenck, 1994). 가족구성원들은 "XY가 예/아니오 대답을 적절하게 할 수 있는가?"와 같은 질문에 '전혀 아니다' 에서부터 '발병 이전과 같다' 에 이르기까지 몇 등급으로 나누어진 항목에 대답을 하도록 구성되어 있다. 이런 면담지를 통해 실어증 환자의 의사소통능력을 한층 더 정확히 판단할 수 있다.

6.2. 실어증 치료

뇌 손상 환자들의 재활 시 일반적으로 실어증 치료는 가능한 원인에 입각하여 중재하려고 시도한다. 물론 시간이 흐름에 따라 점점 후유증의 최소화에 맞춰 중재의 핵심이 바뀌거나 혹은 바뀌어야 할 것이다(Wade, 1992).

이것은 실어증 초기의 경우 증상의 치료가 중요함을 의미하며, 실어증이 다년간 지속될수록 보상, 후유증의 최소화 및 일상적인 생활환경에로의 적응이 점차로 중요시됨을 의미한다. 또한 질적인 심리적, 사회적 간호(가족구성원들에게도)가 꾸준히 이루어질 수 있다.

어떤 경우든 실어증 환자들이 **실어증 환자로서의 생활**을 조심스럽게 준비하도록 하고, 어떤 비현실적 희망을 갖지 않도록 하는 것이 필요하다.

일반적으로 실어증의 경우 언어능력의 완전한 회복이 언어치료 중재의 목표는 아니다. 그렇기 때문에 Rosenbeck et al.(1989)은 실어증 치료의 세 가지 기본 목표를 다음과 같이 명시하고 있다.

- 의사소통능력을 최대화할 수 있도록 보조
- 언어장애의 기능적 보상
- 실어증 환자로 인해 변화된 상태의 수용

6.2.1. 치료단계

치료에 있어서 치료활동을 종종 (최소한) 세 단계로 구분한다(Springer, 1986a).

- 시간적으로 급성기에 이루어지는 **활성화 단계**에서는 우선 자연적 회복을 지원하는 것을 목표로 한 일반적인 언어 자극이 중요하다.
- **장애 맞춤형 단계**는 이미 명확하고 안정된 장애 프로필을 보여 주는 만성기와 관련된다. 이 단계에서는 각각의 증상, 특정한 언어 양상 및 특정한 언어학적 층위에 맞추어 치료활동이 이루어진다.
- **정리단계**에서는 장애 맞춤형 단계의 결과를 일상생활에서 의사소통 요구에 사용할 수 있도록 도와준다.
- 혹은 소위 전이가 가능하도록 하는 훈련들이 시도된다. 장애 맞춤형 단계와 정리단계는 서로 결부되어 있다. 정리단계에서는 그룹치료 또한 실시된다. 모든 단계에 병행하여 가족구성원 상담을 실시하는 것이 필요하다.

6.2.2. 효과

실어증에 적합한 언어치료의 중재가 일반적으로 **효과**(즉, 성과) 있는 것으로 증명되고 있다(Robey, 1998). 다시 말해서 언어치료를 받는 실어증 환자들은 언어적 성과에 있어 단지 자연적 회복으로 (언어치료를 받지 않은 환자들과 비교할 경우) 현저히 향상된 정도를 넘어선 그 이상의 호전을 보여준다(Poeck et al., 1989). 또 다른 한편으로는 실어증 치료가 명백히 효과가 있는 것도 아니고 또 명백히 효과가 없는 것도 아니라는 상위분석적(Greener et al., 2002) 결론에 이르게 된다. 이것은 특히 평가한 연구들에 포함된 기준이 아주 엄격했기 때문인 것으로 보인다(Grötzbach, 2005 참조). 그럼에도 불구하고 실어증 환자의 경우 언어치료의 효율성이 입증된다는 학문적 인식이 지배적이다(Basso, 2003).

그렇지만 여전히 어떤 자질을 토대로 한 어떤 방법이 특정한 결과를 얻는지 내지는 비교 가능한 목표 설정 시 어떤 방법이 시간을 덜 소비하고 기대하는 효과를 얻을 수 있는지는 상당히 불투명하다(효율성의 문제). 개별적인 논문에서 효과를 증명하는 것은 상대적으로 어렵다는 것이 일반적인 견해이다(Wertz, 1993, 1995).

치료의 효과에 있어 중요한 두 가지 요인은 **치료 횟수**와 **치료에 걸린 시간**이다.

Bhogal et al.(2003)에 의하면, 실어증 치료를 1주일에 단지 두 번 받을 때는 효과가 없지만, 주당 9시간을 받는다면 아주 효과가 있다고 한다. 일주일에 단지 두 번 받는 치료를 오래 지속할 경우에도 치료효과는 없다. 당연한 귀결로서 '억제 유도' 치료기법(constraint-induced-therapy)은 특히 상대적으로 짧은 시간 내에 집중적으로 매일 실시하여야 한다. 다시 말해서 10일 기준으로 30~35시간 치료가 이루어져야 한다(Pulvermüller et al., 2001).

일상생활에서 환자들의 **의사소통** 향상이 바로 '진정한' 척도이어야 함에도 불구하고 언어치료의 효과에 대한 거의 모든 증명들은(예를 들어, AAT 혹은 ACL 검사 결과에서 보인 성과를 통해) 증상 차원에 국한된다. 유감스럽게도 의사소통과 의사소통의 성공 그리고 참여를 양적으로 산출하기가 쉽지 않으며, 현재는 이런 것을 평가할 만한 적합한 방법이 없는 실정이다(Wallesch & Johannsen-Horbach, 1991; Worrall & Frattali, 2000 참조).

6.2.3. 치료방법

실어증 치료에는 일반적으로 다음과 같은 네 가지 치료방법이 있다(Tesak, 2002).

- 증상 중심의 치료방법
- 일상생활 중심의 치료방법
- 의사소통 중심의 치료방법
- 심리사회적 지원

증상 중심의 치료방법은 실어증 증상 자체를 치료하려고 시도한다. 예를 들면, 의미착어증 혹은 실문법적 통사론을 감소시키려고 한다. 이런 종류의 치료에 있어 전형적인 것은 반복적인 과제 제시를 통한 훈련이다. 증상 중심의 치료방법은 통상적으로 증상 중심의 진단(ACL 혹은 AAT)에 기초를 두며, 이것이 가장 일반적인 방법이다.

일반적으로 이런 맥락에서 **회복**, **대치**, **보상**이 구별된다. 심한 정도 내지 증상 보상에 따라 회복, 대체 혹은 우회적 성과가 상이한 비중을 갖는다

(Kotten, 1990). 더군다나 필요한 경우 실어증의 개별 증상을 감소시키는 작업을 할 수 있다(예를 들면, 보속증, 자곤). 특별한 경우 치료목표는 관련 기능을 고려한 양상과 언어학적 층위에 초점이 맞추어진다.

일상생활 중심의 치료방법은 아주 구체적으로 언어를 수단으로 극복해야 하는(예를 들면, 쇼핑하기, 카탈로그 보고 주문하기) 일상생활의 특정한 과제에서 출발한다. 치료 시 환자가 일상생활로 전이를 준비할 수 있도록 구체적이고 특정한 과제가 부가된다(예를 들면, 주문카드 작성). 이런 맥락에서 환자가 특별히 바라는 치료 또한 중요하다(예를 들면, 낱말 수수께끼 맞추기). 모든 치료적 노력의 배경에는 항상 실어증 환자들이 일상생활에서 가능한 한 독립된 생활을 할 수 있도록 단련시키는 일반적인 목적이 설정되어 있다.

의사소통 중심의 치료방법은 환자들에게 의사소통을 개선시킬 수 있는 의사소통적 보조수단을 제공하려고 시도한다. 예를 들면, 환자들은 이해하지 못하는 것을 인식하려고, 그리고/혹은 표현의 반복을 요구하기 위해서 연습한다. 증상 중심의 치료방법 또한 의사소통을 위한 최적의 조건을 조성하도록 목표를 설정해야 할 것이다.

심리사회적 지원의 경우 환자와 가족구성원에게 실어증과 그로 인해 끊임없이 야기되는 다른 문제점들에 대처하는 일반적인 도움을 주는 것이 중요하다. 요즘은 가족상담과 자조그룹이 언어치료적 중재를 성공적으로 이끄는 데 도움이 된다는 사실이 일반적으로 인식되고 있다.

- **가족상담**에서는 실어증 환자가 동의한다면 가족구성원에게 실어증에 대한 정보를 제공하고, 의사소통을 쉽게 하는 유용한 전략들을 설명해 주어야 한다. 예를 들면, 천천히 정확하게 말하고, 반복해서 설명해 주고, 기타 다른 소음들을 최소화해 주어야 한다.

- **자조그룹**은 많은 실어증 환자들이 실어증으로 야기된 여러 가지 문제점들을 대처해 나가는 데 큰 도움이 된다. 자조그룹을 통해 자기와 처지가 비슷한 사람들과 사회적 접촉을 하게 되고, 지원을 주고받는 등의 좋은 기회를 가질 수 있어 재활에 도움이 된다.

6.2.4. 실어증 치료의 접근법

실어증 치료의 내용을 어떻게 계획하고 체계화하는지에 대해 소개하고 방법을 제시해 놓은 문헌들이 많이 있다(Howard & Hatfield, 1987; Methé et al., 1993; Tesak, 2005b 개요 참조).

인간의 총체성과 인간을 둘러싼 환경과의 다양한 관계를 고려한 **체계적 접근법**은 문제를 총체적으로 해결하려고 시도하며, 실어증을 어떤 언어학적-증상학적 차원으로 단순화시키지 않는다. 물론 전체론이란 개념에 많은 치료적 형태와 방법이 존재한다는 것을 고려해야 한다. Pachalska(1993)가 여러 분야를 망라한 의미 있는 총체적 실어증 치료 자료를 만들었는데, 이 자료는 전체 재활 프로그램 내에서 특수한 언어치료적 조치가 행해질 수 있도록 만들어져 있다. 만약 전체론이 어떤 실어증 환자에게 존재하는 제반 문제(또한 발병 이전에 이미 존재하던 증상들, 명백한 심리적 요인, 심리사회적 차원)를 언어치료사가 해결하려고 시도하는 것으로 이해한다면 이 요구는 잘못된 것이다.

화용론 혹은 **의사소통 학파**(Davis & Wilcox, 1985; Holland, 1996)에 있어 언어는 단지 하나의 의사소통 수단이다. 그 때문에 이 학파는 언어적 수단에 의지하지 않고 의사소통의 목적을 달성할 수 있도록 환자들에게 능력을 부여하는 치료적 접근을 강조한다. 의사전달을 위하여 언어 대신에 몸짓, 표정, 기호 등과 같은 가능한 모든 수단들이 사용된다.

의사소통 중심의 대표적인 치료방법은 Davis와 Wilcox(1985)의 실어증 환자를 위한 의사소통 효율 촉진법(Promoting Aphasics' Communicative Effectiveness: PACE)이다. 이것은 독일어권에서도 변용된 형태로 사용되고 있다(Glindemann & Springer, 1989; Springer, 1991). PACE에서는 치료사와 실어증 환자가 동일한 자격을 갖춘 의사소통 참여자이며, 모든 의사소통적 수단을 사용하는 것이 허락된다.

원래 중증 실어증 환자들에게 사용되는 **비언어적 접근법**(Johannsen-Horbach & Wallesch, 1988)의 경우 실어증 환자에게 보완대체 의사소통 수단을 이용할 수 있도록 하거나, 현존하는 비언어적 가능성을 확대하려고 시도한다(Glass et al., 1973). 의사소통을 지원하기 위한 혹은 유일한 의사소통 수단으로서의 그림카드들은 소위 의사소통책에서 사용된다(Smit et al., 1990). 상징적 몸짓체계를 이용한 시각적 동작 치료기법(Visual Action Therapy: VAT, Springer, 1986b)이 중증 전반실어증 환자의 의사소통을 도와준다.

비우세 반구의 모델은 양호한 우측 반구에서 퇴화하는 언어적 능력을 전제로 한다. 이것은 언어치료 중재의 토대를 형성한다. 비유창성 실어증 환자들에게 우반구의 운율적, 리듬적 능력을 이용하여 유창성을 향상시키는 치료기법으로 멜로디 억양 치료기법(Melodic Intonation Therapy: MIT, Sparks et al., 1974)이 있다.

전략적 접근법의 경우 특정한 손상, 예를 들면 낱말찾기장애를 극복할 수 있도록 환자들에게 전략을 중재하려고 시도한다. 이때 특정한 언어적 능력을 재복구시키려는 시도는 하지 않는다. 대표적인 예로 단순 통사구문 치료기법(Reduced Syntax Therapy: REST, Schlenck et al., 1995)을 들 수 있다. 단지 한 단어 발화가 가능하고 통사구문 표현의 수행능력이 전혀 없는 실어증 환자들에게 단순한 (원래 실문법적) 구조들이 중재된다('밥 먹는다', '커피 마셨다'). 이런 구문을 이용하여 실어증 환자들의 명제적 표현을 점차 증가시킬 수 있다.

언어양상적 접근법에 의하면, 언어정보처리는 언어양상에 알맞게 이루어지며 언어학적 층위로부터 영향을 덜 받는다. 이 접근법의 근본적인 요소는 탈막힘 혹은 탈장애 기법(deblocking)으로 손상되지 않고 보존되어 있는 언어능력을 활용해서 상대적으로 더 손상된 양상을 촉진시켜 반응을 유도하는 것이다(Weigl, 1979).

심리언어학적 접근법의 경우 실어증 환자들의 언어행동은 (심리)언어학적 모델에 의해 설명될 수 있다고 본다. 뿐만 아니라 그런 모델 형성을 통해 치료와 치료자료도 체계적으로 만들 수 있다는 생각이 이 접근법의 기저에 깔려 있다(Lesser & Milroy, 1993). 언어학에 기반을 둔 대표적인 치료 도구로는 1989년 Engl et al.에 의해 총 4권으로 만들어진 '실어증 환자를 위한 언어 훈련서(LOGO-THERAPIE 1~4)'가 있다. 심리언어학적 모델을 분명하게 진단과 치료의 기본 모델로 삼을 경우 모델 중심적 방법이라고 한다(Blanken, 1996). 로고젠 모델에서 아직 손상되지 않은 경로들을 활성화시키려고 시도하는 것을 예로 들 수 있다.

증상 중심적 접근법에서는 실문법증, 낱말의미적 문제들과 같은 특히 개별적인 실어증의 증상들이 다루어진다. 여기서도 언어학에 바탕을 둔 치료 자료들, 예를 들면 '신경언어학적 실어증 치료 자료(Neurolinguistische Aphasie Therapie, Neubert et al., 1992, 1994, 1995)'들이 적합하다. (심리)언어학적 및 증상 중심적 접근법의 경우 어휘적, 통사적 층위를 위한 특수한 그림 자료들이 만들어져 있다(ELA; Stark, 1992~1997).

억제 유도-실어증 치료기법(Pulvermüller et al., 2001)은 다른 치료법과 비교해서 짧은 시간(10~12일) 내 집중치료를 통해 증명할 만한 언어적 능력 그리고 부분적으로는 의사소통능력을 현저히 개선시키는 것으로 나타났다. 더군다나 의사소통에 변별적인 특수한 화행법이 훈련되며, 일차적으로 증상 중심적 훈련은 실행되지 않는다.

지난 여러 해 동안 치료에 응용할 수 있는 몇몇 컴퓨터 프로그램들이 고안되었다(Roth, 1992; Stachowiak, 1993; Seewald et al., 2004). 기본적으로 이런 PC를 이용한 프로그램들은 언어치료 작업을 상당 부분 지원할 수 있다. 그러나 전화 혹은 컴퓨터를 통한 언어치료가 증상에 따른 전문적 언어치료를 대체할 수 있는지는 불분명하다.

6.3. 길라잡이

Spreen & Risser(2003)는 실어증 진단에 대한 전통적이고 아주 유익한 개관을 제공해 주는데, 여기에는 실어증과 유사장애에 대한 60가지 이상의 검사도구들이 소개되어 있다. 물론 모두 영어권에서 사용하고 있는 검사방법들이다.

필자는 현재 독일어권에서 ACL(Kalbe et al., 2002)이 초기 실시되는 기본 진단으로서는 가장 좋은 검사도구라고 생각한다. 이 검사도구는 빠른 시간에 실시할 수 있고, 신뢰할 수 있을 만큼 실어증을 정확히 평가하며, 급성기와 만성기에 모두 실시 가능하고, 모든 신경학적 손상을 가진 환자들에게 적용 가능하며, 초기 치료계획에 도움이 될 수 있는 점수 프로필을 작성할 수 있고, 또한 시대에 뒤떨어진 내용으로 부담을 주지도 않는다.

그럼에도 불구하고 진단에 대한 질문이 결코 설명되고 있지 않으므로 한편으로는 기능적-의사소통적 진단 도구가 절실히 필요하다. 이와 관련된 검사도구들을 살펴보려면 Worrall & Frattali(2000)의 저서가 도움이 될 것이다. 다른 한편으로는 LEMO(De Bleser et al., 2004)처럼 각각의 모델 중심의 진단도구들이 어떻게 기능하는지 치료에 반영할 수 있는 보다 더 정확한 진단이 이루어져야만 한다.

실어증 치료에 대해서는 Basso(2003)와 Tesak(2005b)에 잘 정리되어 있다. Basso의 저서에는 실어증 치료에 대한 근본적인 질문들이 제기되고 있으며, 역사적 전개와 치료의 개념 형성에 대한 내용들 또한 언급되어 있다. Tesak(2005b)은 실어증 치료의 형태 및 치료기법과 치료자료들의 개관에 대해 구체적으로 잘 열거하고 있다. 증거에 기초를 둔 실어증 치료에 대한 설명은 Grötzbach(2005)의 논문에 잘 나타나 있다.

현재 진행되고 있는 흥미 있는 발전에 대해서는 Byng et al.(1999) 및 Duchan & Byng(2004)을 참조하기 바란다. 또한 2001년에 새로 개정된 국제기능장애건강분류(International Classification of Functioning, Disability and Health)를 참조하는 것도 도움이 된다. 신경재활 부분을 처음 접하는 사람들에게는 Rentsch & Bucher(2005)를 추천한다.

참고문헌

Albert, M.L., Goodglass, H., Helm, N., Rubens, A. & Alexander, M.P. (1981) Clinical aspects of dysphasia. Wien: Springer.

Albert, M.L., Bachman, D., Morgan, A. & Helm-Estabrooks, N. (1988) Pharmacotherapy of aphasia. Neurology 38, 877-9.

Aram, D. (1991) Acquired aphasia in children. In: Sarno (ed.) (1991), 425-53.

Badecker, W. & Caramazza, A. (1993) Disorders of lexical morphology in aphasia. In: Blanken et al. (1993), 181-6.

Bähr, M., Frotscher, M. (2003) Duus' Neurologisch-topische Diagnostik. Anatomie – Funktion – Klinik. 8. Aufl. Stuttgart: Thieme.

Baker, E., Blumstein, S.E. & Goodglass, H. (1981) Interaction between phonological and semantic factors in auditory comprehension. Neuropsychologia 19, 1-15.

Barry, C. (1989) Acquired disorders of reading and spelling: A cognitive neuropsychological perspective. In: Code (ed.) (1989), 178-99.

Basso, A., Capitani, E. & Moraschini, S. (1982) Sex differences in recovery from aphasia. Cortex 16, 631-6.

Basso, A., Lecours, A.R., Moraschini, S. & Vanier, M. (1985) Anatomo-clinical correlations of the aphasias as defined through compute-rized tomography: exceptions. Brain & Language 26, 201-29.

Basso, A. (1992) Prognostic factors in aphasia. Aphasiology 6/4, 337-48.

Basso, A. (2003) Aphasia and its therapy. Oxford: OUP.

Bauer, A. & Kaiser, G. (1989) Verbesserungshandlungen in der sprachlichen Interaktion zwischen Aphasikern und Sprachgesunden. In: Roth (ed.) (1989), 27-46.

Bayer, J. (ed.) (1987) Grammatik und Kognition. Psycholinguistische

Untersuchungen. Opladen: Westdeutscher Verlag.

Becker, E. (1993) Ich sehe deine Sprache, wenn du schweigst. Aphasietherapie und NLP. Paderborn: Junfermann.

Benke, T., Wagner, M. & Gerstenbrand, F. (1988) Acht Hypothesen zur zerebralen Asymmetrie bei Männern und Frauen. Innsbruck: Institut für Sprachwissenschaft.

Benson, D.F. (1967) Fluency in aphasia: Correlation with radioactive scan localization. Cortex 3, 373-94.

Benson, D.F. & Ardila, A. (1996) Aphasia. A clinical perspective. New York: OUP.

Benton, A.L. (1964) Developmental aphasia and brain damage. Cortex 1, 40-52.

Benton, A. (1976) Historical development of the concept of hemispheric cerebral dominance. In: Spicker, S.F. & Engelhardt, Jr. (eds.), Philosophical dimensions of the neuro-medical sciences. Dordrecht: Reidel, 35-57.

Benton, A. (1984) Bergson and Freud on aphasia. In: Costa, L. & Spreen, O. (eds.) (1985), Studies in neuropsychology. Selected papers of Arthur Benton. New York: OUP, 34-42.

Berg, T. & Schade, U. (1992) The role of inhibition in a spreading-activation model of language production: I. The psycholinguistic perspective. J. Psycholinguistic Res. 21, 405-434.

Bhogal, S.K., Teaseli, R.W. & Speechley, M.R. (2003) Intensity of aphasia therapy, impact on recovery. Stroke 34, 987-93.

Bhogal, S.K., Teaseli, R.W., Foley, N.C. & Speechley, M.R. (2003) Rehabilitation of aphasia: more is better. Topics Stroke Rehabil. 10, 66-76.

Bindel, R.W. (1993) Zurück zur Sprache. Prozessorientierte Aphasie-therapie. Heusweiler: Pressevertrieb Saar.

Biniek, Rolf (1993) Akute Aphasien. Stuttgart: Thieme.

Biorn-Hansen, V. (1957) Social and emotional aspects of aphasia. J. Speech Hearing Disord 22, 53-9.

Blanken, G. (1988) Anmerkungen zur Methodologie der Kognitiven Neurolinguistik. Neurolinguistik 2, 127-47.

Blanken, G., Dittmann, J. & Wallesch, C.-W. (eds.) (1988) Sprachproduktionsmodelle. Neuro- und psycholinguistische Theorien der menschlichen Spracherzeugung. Freiburg: HochschulVerlag.

Blanken, G. (1990) Formal paraphasias: A single case study. Brain & Language 38, 534-54.

Blanken, G., Wallesch, C.-W. & Papagno, C. (1990) Dissociations of language functions in aphasics with speech automatisms (recurring utterances). Cortex 26, 41-63.

Blanken, G. (ed.) (1991a) Einführung in die linguistische Aphasiologie: Theorie und Praxis. Freiburg: HochschulVerlag.

Blanken, G. (1991b) Einleitung. Was will und was tut die linguistische Aphasiologie? Eine Einführung am Beispiel der lexikalischen Verarbeitung. In: Blanken (ed.) (1991a), 1-41.

Blanken, G. (1991c) Die kognitive Neurolinguistik des Schreibens. In: Blanken (ed.) (1991a), 287-327.

Blanken, G., Dittmann, J., Grimm, H., Marshall, J.C. & Wallesch, C.-W. (eds.) (1993) Linguistic disorders and pathologies. An international handbook. Berlin: de Gruyter.

Blanken, G. & Marini, V. (1995) Woher kommen lexikalische Sprach-automatismen? Neurolinguistik 9, 91-104.

Blanken, G. (1996) Materialien zur neurolinguistischen Aphasiediagnostik. Hofheim: NAT-Verlag.

Blanken, G. (1999) Materialien zur neurolinguistischen Aphasiediagnostik. Auditives Sprachverständnis: Wortbedeutungen. Hof-heim: NAT Verlag.

Blanken, G., Döppler, R. & Schlenck, K.-J. (1999) Wortproduktionsprüfung. Hofheim: NAT Verlag.

Blomert, L., Kean, M.-L., Koster, C. & Schokker, J. (1994) Amsterdam-Nijmegen Everyday Language Test: Construction, reliability and validity. Aphasiology 8, 381-407.

Blomert, L. (1997) Amsterdam-Nijmegen-Everyday-Language-Test (ANELT). Lisse, NL: Swets Test Services.

Boisclair-Papillon, R. (1993) The family of the person with aphasia. In: Lafond et al. (1993), 173-86.

Bongartz, R. (1997) Linguistisch-pragmatische Aphasiediagnostik. Logos 5,

98-111.

Brown, Jason (ed.) (1981) Jargonaphasia. New York: Academic Press.

Brumfit, S. (1995) Psychotherapy in Aphasia. In: Code & Müller (eds.) (1995), 18-28.

Buck, M. (1968) Dysphasia: Professional guidance for family and patients. Englewood Cliffs: Prentice-Hall.

Buckingham, H.W. & Kertesz, A. (1976) Neologistic jargon aphasia. Amsterdam: North Holland.

Butterworth, B. (1979) Hesitation and the production of verbal paraphasias and neologisms in jargon aphasia. Brain & Language 8, 133-61.

Butterworth, B. (ed.) (1980) Language production. Vol. 1: Speech and talk. London: Academic Press.

Butterworth, B. (1993) Aphasia and models of language production and perception. In: Blanken et al. (eds.) (1993), 238-50.

Byng, S., Swinburn, K. & Pound, C. (eds.) (1999) The aphasia therapy file. Hove, East Sussex: Psychology Press.

Canter, G.J., Trost, J.E. & Burns, M.S. (1985) Contrasting speech patterns in apraxia of speech. Brain & Language 24, 204-222.

Caplan, D., Lecours, A.R. & Smith, A. (eds.) (1984) Biological perspec-tives on language. Cambridge, Mass.: MIT Press.

Caplan, D. (1987) Neurolinguistics and linguistic aphasiology. Cam-bridge: CUP.

Caplan, D. & Hildebrandt, N. (1988) Disorders of syntactic comprehen-sion. Cambridge, Mass.: MIT Press.

Caplan, D. & Vanier, M. (1990) CT-scan correlates of agrammatism. In: Menn & Obler (eds.) (1990), 37-114.

Caplan, D. (1991) Agrammatism is a theoretically coherent aphasic category. Brain & Language 40, 274-81.

Caplan, D. (1992) Language. Structure, processing, and disorders. Cambridge, Mass.: MIT Press.

Caramazza, A. & Martin, R.C. (1983) Theoretical and methodological issues in the study of aphasia. In: Hellige, J.B. (ed.), Cerebral hemisphere asymmetry. New York: Praeger, 18-45.

Caramazza, A. (1984) The logic of neuropsychological research and the problem of patient classification in aphasia. Brain & Language 21, 9-20.

Chapey, R. (ed.) (1994a) Language intervention strategies in adult aphasia. 3rd ed. Baltimore: Williams & Wilkins.

Chapey, R. (1994b) Introduction to language intervention strategies in adult aphasia. In: Chapey (1994a), 3-23.

Chapey, R. (1994c) Assessment of language disorders in adults. In: Chapey (1994a), 80-120.

Cholewa, J. (1993) Störungen der lexikalisch-morphologischen Wortverarbeitung bei Aphasie: Ein Literaturüberblick. Neuro-linguistik 7, 105-26.

Christman, S.S. & Buckingham, H.W. (1989) Jargon-aphasia. In: Code (1989), 111-30.

Code, C. (ed.) (1989) The characteristics of aphasia. London: Taylor & Francis.

Code, C. & Müller, D. (eds.) (1989) Aphasia therapy. 2nd ed. London: Whurr.

Code, C. & Müller, D. (eds.) (1995) Treatment of aphasia: From theory to practice. London: Whurr.

Coleman, B.D. & Wallace, G.L. (1996) Treatment efficacy: Reflections and projections. In: Wallace (ed.) (1996), 279-302.

Collins, M. (1991) Diagnosis and treatment of global aphasia. San Diego: Singular.

Coltheart, M., Sartori, G. & Job, R. (eds.) (1987) The cognitive neuropsychology of language. London: Lawrence Erlbaum.

Coppens, P. & Robey, R.R. (1992) Crossed aphasia: new perspectives. Aphasiology 6, 585-96.

Cramon, D. von & Zihl, J. (eds.) (1988) Neuropsychologische Reha-bilitation. Grundlagen – Diagnostik – Behandlungsverfahren. Berlin: Springer.

Critchley, M. (1970) Aphasiology and other aspects of language. London: Arnold.

Crosson, B. (1992) Subcortical functions in language and memory. New York: Guilford Press.

Culton, G.L. (1969) Spontaneous recovery in aphasia. J. Speech Hearing Res.

12, 825-32.

Cutler, A. & Ladd, D.R. (eds.) (1993) Prosody: Models and measure-ments. Berlin: Springer.

Damasio, A. R. (1991) Signs of aphasia. In: Sarno (ed.) (1991), 27-43.

Damasio, H. (1991) Neuroanatomical correlates of the aphasias. In: Sarno (ed.) (1991), 45-71.

Danly, L. & Shapiro, B. (1982) Speech prosody in Broca's aphasia. Brain & Language 16, 171-90.

Davis, G.A. (1983) A survey of adult aphasia. Englewood Cliffs, N.J.: Prentice Hall.

Davis, G.A. & Wilcox, M.J. (1985) Adult aphasia rehabilitation. Applied pragmatics. San Diego: College-Hill Press.

De Bleser, R., Bayer, J. & Luzzatti, C. (1987) Die kognitive Neuro-psychologie der Schriftsprache – Ein Überblick mit zwei deutschen Fallbeschreibungen. In: Bayer (ed.) (1987), 118-62.

De Bleser, R. (1988) Localisation of aphasia: Science or fiction. In: Denes, Semenza & Bisiacchi (1988), 161-85.

De Bleser, R. & Bayer, J. (1990) Morphological reading errors in a German case of deep dyslexia. In: Nespoulous, J.-L. & Villiard, P. (eds.) (1990), Morphology, phonology and aphasia. New York: Springer, 32-59.

De Bleser, R. (1991) Erworbene Dyslexien. In: Blanken (ed.) (1991a), 329-47.

De Bleser, R., Cholewa, J., Stadie, N. & Tabatabie, S. (2004) LEMO Lexikon modellorientiert. Einzelfalldiagnostik bei Aphasie, Dyslexie und Dysgraphie. München: Urban & Fischer.

De Langen, E. & von Cramon, D.Y. (1986) Phänomenologie der Agraphie. Nervenarzt 57, 719-26.

De Langen, E.G. (1988) Lesen und Schreiben. In: Cramon & Zihl (eds.) (1988), 289-305.

De Langen, E.G. (1992) Die mentale Vorstellung beim Buchstabieren. Klinische Daten einer unsichtbaren Leistung. In: Rickheit et al. (eds.) (1992), 205-15.

Delavier, C. & Graham, A. (1981) Der Basel-Minnesota-Test zur Differentialdiagnose der Aphasie (BMTDA). Basel: Institut für Sprach-

und Stimmtherapie, Kantonsspital Basel.

Dell, G.S. (1986) A spreading-activation theory of retrieval in sentence production. Psychol. Rev. 93, 283-321.

Denes, G., Semenza, C. & Bisiacchi, P. (eds.) (1988) Perspectives of cognitive neuropsychology. Hove: Lawrence Erlbaum.

Denzler, P. (1994) Neuropsychologische Ausfälle nach Schlaganfall. In: Mauritz, K.-H. (ed.) (1994), 142-74.

De Renzi, E. & Vignolo, L.A. (1962) The Token Test. A sensitive test to detect receptive disturbances in aphasics. Brain 85, 665-78.

Derouesné, J. & Beauvois, M.F. (1979) Phonological processing in reading, data from alexia. J. Neurol. Neurosurg. Psychiatry 42, 1125-32.

Dijkstra, T. & Kempen, G. (1993) Einführung in die Psycholinguistik. Bern: Huber.

Dijkstra, T. & de Smedt, K. (eds.) (1996a) Computational psycholinguistics. London: Taylor & Francis.

Dijkstra, T. & de Smedt, K. (1996b) Computer models in psycholinguistics: An introduction. In: Dijkstra & de Smedt (1996a), 3-23.

Dittmann, J., Fehrenbach, R.A. & Welch, C. (1989) Morphosyntaktische Abweichungen bei Schizophrenie. Ein Überblick über den Stand der Forschung. Neurolinguistik 3, 145-73.

Dittmann, J. (1991) Phonematische Störungen bei Aphasie. In: Blanken (1991a) 43-88.

Dittmann, J. & Tesak, J. (1993) Neurolinguistik. Heidelberg: Groos.

Dogil, G., Haider, H., Schaner-Wolles, C. & Husman, R. (1995) Radical autonomy of syntax: evidence from transcortical sensory aphasia. Aphasiology 9, 577-602.

Dressler, W.U. (1988) A linguistic classification of phonological paraphasias. In: Fressler & Stark (1989), 1-22.

Dressler, W.U. & Pléh, C. (1988) On text disturbance in aphasia. In: Dressler & Stark (1988), 151-178.

Dressler, W.U. & Stark, J.A. (eds.) (1989) Linguistic analyses of aphasic language. New York: Springer.

Duchan, J.F. & Byng, S. (2004) Challenging aphasia therapies. Broadening the discourse and extending the boundaries. Hove: Psychology Press.

Duffy, R.J. & Duffy, J.R. (1981) Three studies of deficits in pantomime expression and pantomime recognition in aphasia. J. Speech Hearing Res. 24, 70-84.

Duffy, J.R. & Peterson, R.C. (1992) Primary progressive aphasia. Apha-siology 5, 1-16.

Duffy, J.R. (1994) Schuell's stimulation approach to rehabilitation. In: Chapey (ed.) (1994a), 146-74.

Ehinger, A., Lutzenberger, C., Dittmann, J. & Blanken, G. (1990) Spontane Sprachproduktion bei Wernicke-Aphasie. Eine Pilotstudie. Neurolinguistik 4, 69-81.

Ellis, A.W. (ed.) (1982) Normality and pathology in cognitive functions. London: Academic Press.

Ellis, A.W. & Young, A.W. (1991) Einführung in die Kognitive Neuropsychologie. Bern: Huber.

Engel, D. (1977) Textexperimente mit Aphasikern. Tübingen: Narr.

Engelkamp, J. (ed.) (1984) Psychologische Aspekte des Verstehens. Heidelberg: Springer.

Engl, E.M., Kotten, A., Ohlendorf, I. & Poser, E. (1989) Sprachübungen zur Aphasiebehandlung Bd. 1-4. Berlin: Marhold (LOGO-THERAPIE 1-4).

Ewing, S.A. & Pfalzgraf, B. (1990) Pathways. Moving beyond stroke and aphasia. Detroit: Wayne State University.

Fawcus, M., Kerr, J., Whitehead, S. & Williams, R. (1996a) Spra-chverständnis. Stuttgart: Fischer.

Fawcus, M., Kerr, J., Whitehead, S. & Williams, R. (1996b) Lesen. Stuttgart: Fischer.

Fawcus, M., Kerr, J., Whitehead, S. & Williams, R. (1996c) Schreiben. Stuttgart: Fischer.

Fawcus, M., Kerr, J., Whitehead, S. & Williams, R. (1996d) Verbaler und nonverbaler Ausdruck. Stuttgart: Fischer.

Feibel, J.H. & Springer, C.J. (1982) Depression and failure to resume social activities after stroke. Arch. Physical Med. Rehabil. 63, 276-8.

Fodor, J.A. (1983) The Modularity of Mind. Cambridge, Mass.: MIT Press.

Friederici, A. (1984) Neuropsychologie der Sprache. Stuttgart: Kohlhammer.

Freiderici, A. (1987) Kognitive Strukturen des Sprachverstehens. Berlin: Springer.

Fröschels, E. (1919) Die Sprachärztliche Therapie im Kriege. Mit Beiträgen von A. Stöhr und K.C. Rothe. Wien: Urban & Schwarzenberg.

Gainotti, G. (1972) Emotional behavior and hemispheric side of the lesion. Cortex 8, 41-55.

Garrett, M.F. (1975) The analysis of sentence production. In: Bower, G. (ed.), The Psychology of Learning and Motivation. Vol.9. New York: Academic Press, 133-77.

Garrett, M.F. (1980) Levels of processing in sentence production. In: Butterworth (ed.) (1980), 177-200.

Garrett, M.F. (1982) Production of speech: Observations from normal and pathological language use. In: Ellis (ed.) (1982), 19-76.

Garrett, M. (1984) The organization of processing structure for language production. Applications to aphasic speech. In: Caplan et al. (eds.) (1984), 172-93.

Garrett, M.F. (1988) Processes in language production. In: Newmeyer, F.J. (ed.), Linguistics. The Cambridge survey. Vol. 3: Psychological and biological aspects. Cambridge: CUP, 69-96.

Garrett, M.F. (1993) Errors and their relevance for models of language production. In: Blanken et al. (eds.) (1993), 72-92.

Gerber, S. & Gurland, G.B. (1989) Applied pragmatics in the assessment of aphasia. Semin. Speech Language 10, 263-81.

Gerwig, M., Willmes, K. & Hartje, W. (1993) Störungen nichtsprachlicher kognitiver Leistungen bei Aphasie. Z. Neuropsychol. 4, 54-64.

Glass, A.V., Gazzaniga, M.S. & Premack, D. (1973) Artificial language training in aphasias. Neuropsychologia 11, 95-103.

Glindemann, R. & Springer, L. (1989) PACE-Therapie und sprachsystematische Übungen – Ein integrativer Vorschlag zur Aphasietherapie. Sparche Stimme Gehör 13, 188-92.

Glindemann, R. (1990) Welche Probleme haben Aphasiker beim turn-taking. In: Mellies, Ostermann & Winnecken (1990), 1-29.

Glindemann, R. (1991) Modell-Lernen in der PACE-Therapie. Neurolinguistik 5, 105-15.

Gloning, K., Trappl, R., Heiss, W.D. & Quatember, R. (1976) Prognosis and speech therapy in aphasia. In: Lebrun, Y. & Hoops, R. (eds.), Recovery in aphasia. Amsterdam: Swets & Zeitlinger, 57-64.

Goldenberg, G. (1997) Neuropsychologie. Grundlagen, Klinik, Rehabilitation. Stuttgart: Fischer.

Goldstein, K. (1927) Ueber Aphasie. Schweiz. Arch. Neurol. Psychiatr. Heft 6, 1-68.

Goldstein, K. (1948) Language and language disturbances. New York: Grune & Stratton.

Goldstein, K. (1971) Selected Papers/Ausgewählte Schriften. The Hague: Mouton.

Goodglass, H., Quadfasel, F.A. & Timberlake, W.H. (1964) Phrase length and the type and severity of aphasia. Cortex 1, 133-53.

Goodglass, H. & Kaplan, E. (1972) The assessment of aphasia and related disorders. Philadelphia: Lea & Febiger.

Goodglass, H. (1981) The syndromes of aphasia: Similarities and differences in neurolinguistic features. Top. Language Disord. 1, 1-14.

Goodglass, H. (1993) Understanding aphasia. San Diego: Academic Press.

Goodglass, H. & Kaplan, E. (1983) The assessment of aphasia and related disorders. 2nd ed. Philadelphia: Lea & Febiger.

Graham-Keegan, L. & Caspari, I. (1997) Wernicke's aphasia. In: LaPointe (ed.) (1997), 42-62.

Greener, J., Enderby, P. & Whurr, R. (2002) Speech and Language therapy for aphasia following stroke. The Cochrane Library, 3.

Grohnfeldt, M. (ed.) (1993a) Handbuch der Sprachtherapie. Bd. 6: Zentrale Sprach- und Sprechstörungen. Berlin: Marhold.

Grohnfeldt, M. (1993b) Zentrale Sprach- und Sprechstörungen als interdisziplinäres Aufgabengebiet. In: Grohnfeldt (1993a), 3-10.

Grötzbach, H. (2005) Evidenzbasierte Aphasietherapie. Forum Logopädie 19/4, 6-11.

Haas, J.-C., Blanken, G., Mezger, G. & Wallesch, C.-W. (1988) Is there an anatomical basis for the production of speech automatisms? Aphasiology 2, 557-565.

Hamster, W., Langner, W. & Mayer, K. (1980) Tübinger-Luria-Christensen neuropsychologische Untersuchungsreihe. Weinheim: Beltz.

Hartje, W. & Poeck, K. (2002) Klinische Neuropsychologie. 5. Aufl. Stuttgart: Thieme.

Hegde, M.N. (1994) A coursebook on aphasia and other neurogenic language disorders. San Diego: Singular.

Henderson, V.W. (1990) Alalia, aphemia and aphasia. Arch. Neurol. 47, 85-8.

Helm, N. (1979) Melodische Intonationstherapie. In: Peuser (ed.) (1979), 428-41.

Helm-Estabrooks, N. & Albert, M.L. (1991) Manual of aphasia therapy. Austin: pro-ed.

Herrmann, M., Reichle, T., Lucius-Hoene, G., Wallesch, C.-W. & Johannsen-Horbach, H. (1988) Nonverbal communication as a compensatory strategy for severely nonfluent aphasics – a quantitative approach. Brain & Language 33, 41-54.

Herrmann, M., Koch, U., Johannsen-Horbach, H. & Wallesch, C.-W. (1989) Communicative skills in chronic and severe nonfluent aphasia. Brain & Language 37, 339-352.

Herrmann, M. (1990) “Aphémie, eine Erkrankung vormals fälschlicherweise mit dem Ausdruck Aphasie bezeichnet.” Zur Geschichte des Begriffes der Aphasie. Neurolinguistik 4, 129-38.

Herrmann, M. (1991) Nonverbale Kommunikation bei Aphasie. In: Blanken (1991), 349-80.

Herrmann, M., Bartels, C. & Wallesch, C.-W. (1992) Depression und Aphasie. Konzepte zur Ätiopathogenese und Implikationen für Forschung und Rehabilitation. Neurolinguistik 6, 1-26.

Hillis, A. (1994) Contributions from cognitive analyses. In: Chapey (1994a), 207-19.

Holland, A. (1991) Pragmatic aspects of intervention in aphasia. J. Neurolinguistics 6, 197-211.

Holland, A.L. & Forbes, M.M. (eds.) (1993) Aphasia treatment: World perspectives. London: Chapman & Hall.

Holland, A. (1996) Pragmatic assessment and treatment for aphasia. In: Wallace (ed.) (1996), 161-72.

Howard, D. & Hatfield, F.M. (1987) Aphasia therapy: Historical and contemporary issues. Hove: Lawrence Erlbaum.

Howard, D. & Franklin, S. (1988) Missing the meaning? A cognitive neuropsychological study of processing of words by an aphasic patients. Cambridge, Mass.: MIT Press.

Huber, W., Stachowiak, F.-J., Poeck, K. & Kerschensteiner, M. (1975) Die Wernicke-Aphasie. Klinisches Bild und Überlegungen zur neurolinguistischen Struktur. J. Neurology 210, 77-97.

Huber, W., Poeck, K., Weniger, D. & Willmes, K. (1983) Der Aachener Aphasie Test (AAT). Handanweisung. Göttingen: Hogrefe.

Huber, W. & Schlenck, K.-J. (1988) Satzverschränkungen bei Wernicke-Aphasie. In: Blanken et al. (1988), 111-49.

Huber, W. (1989) Alexie und Agraphie. In: Poeck (1989) 164-88, 290-92.

Huber, W., Poeck, K. & Weniger, D. (1989) Aphasie. In: Poeck, K. (ed.), Klinische Neuropsychologie. 2. Aufl. Stuttgart: Thieme, 89-132.

Huber, W. (1991) Ansätze in der Aphasietherapie. Neurolinguistik 5, 71-92.

Huber, W., Poeck, K. & Springer, L. (1991) Sprachstörungen. Ursachen und Behandlung von Sprachstörungen (Aphasien) durch Schä-digungen des zentralen Nervensystems. Stuttgart: TRIAS.

Huber, W., Poeck, K. & Springer, L. (2006) Klinik und Rehabilitation der Aphasie – Eine Einführung für Patienten, Angehörige und Therapeuten. Stuttgart: Thieme.

Jackson, J. Hughlings (1874) On the nature of the duality of the brain. In: Taylor, J. (ed.) (1958), Selected writings of John Hughlings Jackson. Vol. 2. New York: Basic Books, 129-45.

Joanette, Y. & Goulet, P. (1994) Right hemisphere and verbal communication: Conceptual, methodological, and clinical issues. Clin. Aphasiol. 22, 1-23.

Johannsen-Horbach, H. & Wallesch, C.-W. (1988) Indikationen nonver-baler Behandlungsansätze in der Aphasietherapie. Neurolinguistik 2, 1-20.

Johannsen-Horbach, H., Wenz, C., Fünfgeld, M., Herrmann, M. & Wallesch,

C.-W. (1993) Psychosocial aspects on the treatment of adult aphasics and their families: A group approach in Germany. In: Holland & Forbes (eds.) (1993), 319-34.

Kalbe, E., Reinhold, N., Ender, U. & Kessler, J. (2002) Aphasie Check Liste (ACL). Köln: Prolog.

Kay, J., Lesser, R. & Coltheart, M. (1992) PALPA: Psycholinguistic assessments of language processing in aphasia. Hove, East Sussex: Lawrence Erlbaum.

Kean, M.-L. (ed.) (1985) Agrammatism. Orlando: Academic Press.

Kertesz, A. (1979) Aphasia and associated disorders. New York: Grune & Stratton.

Kertesz, A. (1980) Western Aphasia Battery. London, Canada: University of Western Ontario.

Kertesz, A. (ed.) (1983) Localization in neuropsychology. New York: Academic Press.

Kertesz, A. (1984) Recovery from aphasia. In: Rose (1984a), 23-39.

Kertesz, A. (1995) Die Restitution der Aphasie nach Schlaganfall. Neurol. & Rehabil. 2/95, 75-80.

Kessler, J., Kalbe, E. & Heiss, W.-D. (2003) Sprachstörungen – Phänomenologie, Diagnostik und Therapie der Aphasie. Bremen: Uni-Med.

Kimura, D. (1983) Sex differences in cerebral organization for speech and praxic functions. Can. J. Psychol. 37, 19-35.

Kirshner, H.S. (ed.) (1995a) Handbook of neurological speech and language disorders. New York: Dekker.

Kirshner, H.S. (1995b) Classical aphasia syndromes. In: Kirshner (1995a), 57-89.

Kirshner, H.S. (1995c) Primary progressive aphasia syndrome. In: Kirshner (1995a), 373-86.

Kirshner, H.S. (1995d) Alexias. In: Kirshner (1995a), 277-93.

Klein, M. & Leuninger, H. (1988) Gestörtes und nicht gestörtes Sprachverhalten: zur Struktur lautlicher Fehlleistungen. Frankfurter Linguistische Forschungen 4, 1-19.

Kohn, S.E. (ed.) (1992) Conduction aphasia. Hillsdale, NJ: Lawrence Erlbaum.

Kohn, S.E. & Smith, K.L. (1992) Introduction: On the notion of "Aphasia syndrome". In: Kohn (1992), 1-21.

Kohn, S.E. (1993) Segmental disorders in aphasia. In: Blanken et al. (eds.) (1993), 197-209.

Kolk, H.H.J., van Grunsven, M. & Keyser, A. (1985) On parallelism between production and comprehension in agrammatism. In: Kean (1985), 165-206.

Kolk, H. & Heeschen, C. (1992) Agrammatism, paragrammatism and the management of language. Language Cogn. Processes 7, 89-129.

Koll-Stobbe, A. (1986) Sprachliche Variation: das FLUENT vs. NONFLUENT Kontinuum aphasischer Rede aus der Sicht der Prozeßlinguistik. In: Mellies et al. (eds.) (1986), 109-26.

Kotten, A. (1989) Evaluation von Aphasietherapie. Neurolinguistik 3, 83-106.

Kotten, A. (1990) Rehabilitation sprachlicher Kommunikationsstörungen. Z. Neuropsychol. 1, 32-44.

Kotten, A. (1991) Aphasietherapie auf neurolinguistischer Basis. In: Blanken (ed.) (1991), 381-408.

Kremin, H. & Ohlendorf, I. (1988) Einzelwortverarbeitung im Logogen-Modell. Neurolinguistische Evidenzen. Neurolinguistik 2, 67-100.

Kremin, H. (1996) Bemerkungen zum Problem der Lokalisation von "Tiefendyslexie". In: Widdig et al. (1996), 61-87.

Labourel, D. & Martin, M.M. (1993) The person with aphasia and the family. In: Lafond et al. (1993), 151-72.

Lafond, D., Joanette, Y., Ponzio, J., Degiovani, R. & Sarno, M.T. (1993) Living with aphasia. Psychosocial issues. San Diego: Singular.

Lang, C., Dehm, A., Dehm, B. & Leuschner, T. (1999) Kurze Aphasieprüfung. Frankfurt: Swets & Zeitlinger.

LaPointe, L.L. (ed.) (1997) Aphasia and related neurogenic language disorders. 2nd ed. New York: Thieme (3rd ed. 2004).

Lebrun, Y. (1993a) Repetitive phenomena in aphasia. In: Blanken et al. (1993), 225-38.

Lebrun, Y. (1993b) Awareness of the problem. In: Lafond et al. (1993), 37-51.

Lecours, A.R., Lhermitte, F. & Bryans, B. (1984) Aphasiology. London: Bailliére Tindall.

Leischner, A. (1987) Aphasien und Sprachentwicklungsstörungen. Klinik und

Behandlung. 2. Aufl. Stuttgart: Thieme.

Lesser, R. & Milroy, L. (1993) Linguistics and aphasia. Psycholinguistic and pragmatic aspects of intervention. London: Longman.

Lesser, R. & Algar, L. (1995) Towards combining the cognitive neuropsychological and the pragmatic in aphasia therapy. Neuropsychol. Rehabil. 5, 67-92.

Létourneau, P.-Y. (1993) The psychological effects of aphasia. In: Lafond et al. (1993), 65-85.

Leuninger, H. (1987) Das ist wirklich ein dickes Stück: Überlegungen zu einem Sprachproduktionsmodell. In: Bayer (ed.) (1987), 24-40.

Leuninger, H. (1989) Neurolinguistik. Probleme, Paradigmen, Perspektiven. Opladen: Westdeutscher Verlag.

Leuninger, H. (1993) Reden ist Schweigen, Silber ist Gold. Gesammelte Versprecher. Zürich: Ammann.

Levelt, W.J.M. (1989) Speaking. From intention to articulation. Cambridge, Mass.: MIT Press.

Levelt, W.J.M. (1993) The architecture of normal language use. In: Blanken et al. (eds.) (1993), 1-15.

Lomas, J., Pickard, L., Bester, S., Elbard, H., Finlayson, A. & Zoghaib, C. (1989) The Communicative Effectiveness Index: Development and psychometric evaluation of a functional communication measure for adult aphasia. J. Speech Hearing Disord. 54, 113-24.

Lorch, M.P. (1995) Disorders of writing and spelling. In: Kirshner (ed.) (1995a), 295-324.

Lurija, A.R. (1992) Das Gehirn in Aktion. Einführung in die Neuropsychologie. Reinbeck: Rowohlt.

Lutz, L. (1992) Das Schweigen verstehen. Über Aphasie. Berlin: Springer.

Lyon, J.G. (1998) Coping with aphasia. San Diego: Singular.

Lyton, W.W. & Brust, J.M.C. (1989) Direct dyslexia. Preserved oral reading of real words in Wernicke's aphasia. Brain 112, 583-94.

Malin, J.-P., Widdig, W., Duncan, D. & Sindern, E. (1994) Gekreuzte Aphasie oder das Problem der cerebralen Organisation von Sprache. In: Ohlendorf et al. (1994), 55-62.

Marshall, J.C. & Newcombe, F. (1973) Patterns of paralexia. J. Psycholinguistic Res. 2, 175-99.

Mattes, K. (1993) Fallbeschreibungen. In: Grohnfeldt (1993), 85-105.

Mauritz, K.-H. (ed.) (1994) Rehabilitation nach Schlaganfall. Stuttgart: Kohlhammer.

McClelland, J.L. & Rumelhart, D.E. (1981) An interactive model of context effects in letter perception: Part 1. An account of the basic findings. Psychol. Rev. 88, 375-407.

Menn, L. & Obler, L.K. (eds.) (1990) Agrammatic aphasia. A cross-language narrative sourcebook. 3 Vol. Amsterdam: Benjamins.

Mellies, R., Ostermann, F. & Vauth, F. (eds.) (1986) Erschwerte Kommunikation und ihre Analyse. Hamburg: Buske.

Mellies, R., Ostermann, F. & Winnecken, A. (eds.) (1990) Beiträge zur interdisziplinären Aphasieforschung. Tübingen: Narr.

Mellies, R. & Winnecken, A. (1992) Anosognosie bei Aphasie? Eine Fallstudie. In: Rickheit, Mellies & Winnecken (1992), 217-35.

Methé, S., Huber, W. & Paradis, M. (1993) Inventory and classification of aphasia rehabilitation methods. In: Paradis (ed.) (1993), 3-60.

Metter, E.J., Riege, W.R., Hanson, W., Camras, L., Kuhl, D.E. & Phelps, M.E. (1984) Correlations of cerebral glucose metabolism and structural damage to language function in aphasia. Brain & Language 21, 187-207.

Metter, E.J. (1995) PET in aphasia and language. In: Kirshner (ed.) (1995a), 187-212.

Mimura, M., Albert, M.L. & McNamara, P. (1997) Toward a pharmacotherapy for aphasia. In: Kirshner (ed.) (1995a), 465-82.

Moen, I. (1991) Functional lateralisation of pitch accents and intonation in Norwegian: Monrad-Krohns study of an aphasic patient with altered "melody of speech". Brain & Language 41, 538-54.

Mortley, J. (1999) An intensive strategy-based therapy programme for impaired spelling. In: Byng et al. (1999), 79-92.

Morton, J. (1970) A functional model for memory. In: Norman, D.A. (ed.), Models of the human memory. New York: Academic Press, 203-49.

Murre, J.M.J. & Goebel, R. (1996) Connectionist modeling. In: Dijkstra & de

Smedt (1996a), 49-81.

Myers, P. (1997) Right hemisphere syndrome. In: LaPointe (ed.), 201-25.

Naeser, M. (1983) CT scan lesion size and lesion locus in cortical and subcortical aphasias. In: Kertesz (ed.) (1983), 63-119.

Neubert, C., Rüffer, N. & Zeh-Hau, M. (1992) Neurolinguistische Aphasietherapie. Teil 1: Lexikalisch-semantische Störungen. Hofheim: NAT-Verlag.

Neubert, C., Rüffer, N. & Zeh-Hau, M. (1994) Neurolinguistische Aphasietherapie. Teil 3: Lexikalisch-phonematische Störungen. Hofheim: NAT-Verlag.

Neubert,C., Rüffer, N. & Zeh-Hau, M. (1995) Neurolinguistische Aphasietherapie. Teil 2: Agrammatismus. 2. Aufl. Hofheim: NAT-Verlag.

Ohlendorf, I.M. (1993) Textverarbeitung in der Aphasietherpie. In: Grohnfeldt (ed.) (1993a), 200-12.

Ohlendorf, I.M., Pollow, T.A., Widdig, W. & Linke, D.B. (eds.) (1994) Sprache und Gehirn. Grundlagenforschung für die Aphasietherapie. Freiburg: HochschulVerlag.

Pachalska, M. (1993) The concept of holistic rehabilitation of persons with aphasia. In: Holland & Forbes (eds.), 145-74.

Papathanasiou, I. & De Bleser, R. (eds.) (2003) The sciences of aphasia: From therapy to theory. Amsterdam: Pergamon.

Paradis, M. (ed.) (1993) Foundations of aphasia rehabilitation. Oxford: Pergamon.

Peuser, G. (1978) Aphasie. Eine Einführung in die Patholingustik. München: Fink.

Peuser, G. (ed.) (1979) Studien zur Sprachtherapie. München: Fink.

Peuser, G. & Temp, K. (1981) The evolution of jargon-aphasia. In: Brown (ed.) (1981), 259-93.

Peuser, G. (1987) Jargonaphasia and schizophasia: An essay in contrastive patholinguistics. In: Wodak, R. & Van de Craen, P. (eds.), Neurotic and psychotic language behavior. Clevedon: Multilingual Matters, 216-48.

Poeck, K. (1972) Stimmung und Krankheitseinsicht bei Aphasien. Arch. Psychiatr. Nervenkrankh. 216, 246-54.

Poeck, K. (1981) Was verstehen wir unter aphasischen Syndromen? In: Schnelle, H. (ed.), Sprache und Gehirn. Roman Jakobson zu Ehren. Frankfurt: Suhrkamp, 97-109.

Poeck, K. (1983) What do we mean by 'Aphasic Syndromes'? A neurologist's view. Brain & Language 20, 79-89.

Poeck, K., De Bleser, R. & Keyserlingk, D.G.v. (1984) Neurolinguistic status and localization of lesion of aphasic patients with exclusively consonant-vowel recurring utterances. Brain 107, 199-217.

Poeck, K., Huber, W. & Willmes, K. (1989) Outcome of intensive language treatment in aphasia. J. Speech Hearing Disord. 54, 471-9.

Poeck, K. (ed.) (1989a) Klinsche Neuropsychologie. 2. Aufl. Stuttgart: Thieme (5. Aufl. siehe Hartje 2002).

Poeck, K. (1989b) Fluency. In: Code (1989), 23-32.

Poeck, K. (1994) Neurologie. 9. Aufl. Berlin: Springer.

Pollow, T.A. (1993) Therapierelevante Datenerhebung bei akuten und chronischen Aphasien. In: Grohnfeldt (ed.) (1993a), 149-73.

Pound, C., Parr, S., Lindsay, J. & Woolf, C. (2000) Beyond aphasia. Therapies for living with communication disability. Bicester, Oxon: Speechmark.

Pulvermüller, F., Neininger, B., Elbert, T., Mohr, B., Rockstroh, B., Koebbel, P. & Taub, E. (2001) Constraint-induced therapy of chronic aphasia after stroke. Stroke 32, 1621-6.

Pulvermüller, F. (2002) The neurosciences of language. On brain circuits of words and serial order. Cambridge: CUP.

Rapp, B. & Caramazza, A. (1991) Lexical deficits. In: Sarno (ed.) (1991), 191-222.

Regenbrecht, F., Huber, W. & Glindemann, R. (1992) Zum Verhältnis von Kohärenz und Kohäsion bei Aphasie. In: Rickheit et al. (1992), 111-37.

Reitz, J. (1994) Erworbene Schriftsprachstörungen. Eine neurolinguistische Sammlung zur Erfassung schriftsprachlicher Leistungen. Opladen: Westdeutscher Verlag.

Rentsch, P. & Bucher, P.O. (2005) ICF in der Neurorehabilitation. Die praktische Anwendung der internationalen Klassifikation der Funktionsfähigkeit, Behinderung und Gesundheit im Rehabili-tationsalltag. Idstein: Schulz-Kirchner.

Rickheit, G., Mellies, R. & Winnecken, A. (eds.) (1992) Linguistische Aspekte der Sprachtherapie. Forschung und Intervention bei Sprachstörungen. Opladen: Westdeutscher Verlag.

Rickheit, G. & Strohner, H. (1993) Grundlagen der kognitiven Sprachverarbeitung. Tübingen: Francke.

Robinson, R.G. & Benson, D.F. (1981) Depression in aphasic patients: Frequency, severity and clinico-pathological correlations. Brain & Language 14, 282-91.

Robinson, R.G. & Starkstein, S.E. (1990) Current research in affective disorders following stroke. J. Neuropsychiatry 2, 1-14.

Robey, R. (1994) The efficacy of treatment for aphasic persons: a meta-analysis. Brain & Language 47, 582-608.

Robey, R. (1998) A meta-analysis of clinical outcomes in the treatment of aphasia. J. Language Hearing Res. 41, 171-87.

Roeltgen, D.P. & Rapczak, S.Z. (1993) Acquired disorders of writing and spelling. In: Blanken et al. (1993), 262-78.

Rose, F.C. (ed.) (1984a) Progress in aphasiology. New York: Raven Press.

Rose, F.C. (1984b) Introduction. In: Rose (1984a), 1-8.

Rosenbek, J.C., LaPointe, L.L. & Wertz, R.T. (1989) Aphasia. A clinical approach. Austin: pro-ed.

Roth, V. (ed.) (1989) Kommunikation trotz gestörter Sprache. Aphasie – Demenz – Schizophrenie. Tübingen: Narr.

Roth, V. (ed.) (1992) Computer in der Sprachtherapie. Neue WEGE. Tübingen: Narr.

Russel, W.R. & Espir, M.L.E. (1961) Traumatic aphasia. Oxford: OUP.

Ryalls, J. (1984) Where does the term "aphasia" come from? Brain & Language 21, 358-63.

Sands, E., Sarno, M.T. & Shankweiler, D. (1969) Longterm assessment of language functions in aphasia due to stroke. Arch. Phys. Med. Rehabil. 50, 203-7.

Sarno, M. Taylor (ed.) (1981) Acquired aphasia. New York: Academic Press.

Sarno, M. Taylor (ed.) (1991) Acquired aphasia. 2nd ed. San Diego: Academic Press.

Schade, U. (1992) Konnektionismus. Zur Modellierung der Sprachproduktion. Opladen: Westdeutscher Verlag.

Schindler, O. (1996) Sprache und Sprechen. In: Wendler, J., Seidner, W., Kittlel, G. & Eysholdt, U. (eds.) Lehrbuch der Phoniatrie und Pädaudiologie. 3. Aufl. Stuttgart: Thieme, 192-301 (4. Aufl. 2005).

Schlenck, K.-J. (1990) Die Rehabilitation aphasischer Patienten nach Schlaganfall. Prävention & Rehabilitation 2, 56-63.

Schlenck, K.-J. (1991) Paragrammatismus, In: Blanken (ed.) (1991a), 199-229.

Schlenck, K.-J. & Schlenck, C. (1994) Beratung und Betreuung von Angehörigen aphasischer Patienten. Logos 2/2, 90-7.

Schlenck, C., Schlenck, K.J. & Springer, L. (1995) Die Behandlung des schweren Agrammatismus. Reduzierte Syntax-Therapie (REST). Stuttgart: Thieme.

Schöler, M. & Grötzbach, H. (2002) Aphasie. Wege aus dem Sprachdschungel. Berlin: Springer.

Schubert, A. (2004) Dysarthrie. Idstein: Schulz-Kirchner.

Schuell, H., Jenkins, J.J. & Jiménez-Pabón, E. (1964) Aphasia in adults: Diagnosis, progress and treatment. New York: Hoeber Medical Division, Harper & Row.

Schuell, H. (1972) The Minnesota Test of Differential Diagnosis of Aphasia. Minneapolis: University of Minnesota Press.

Schulte, E. & Brandt, S.D. (1989) Auditory verbal comprehension impairment. In: Code (1989), 53-74.

Schwartz, M.F. (1987) Patterns of speech production deficit within and across aphasia syndromes: Applications of a psycholinguistic model. In: Coltheart et al. (eds.) (1987), 163-99.

Seewald, B., Rupp, E. & Schupp, W. (2004) Computergestütze Aphasiebehandlung: Das Konzept der Evo-Care-Therapie. Forum Logopädie 18, 24-9.

Sheridan, J. (1999) A treatment programme for an impairment in reading function words. In: Byng et al. (1999), 101-4.

Smit, J.S.M., Effmert, A. & Burch-Budny, J. (1990) Das Kommunika-tionsbuch. Eine Hilfe für Aphasiker. Berlin: Marhold.

Spreen, O. & Risser, A. (1991) Assessment of aphasia. In: Sarno (ed.) (1991), 73-150.

Spreen, O. & Risser, A. (2003) Assessment of aphasia. Oxford: OUP.

Springer, L. & Kattenbeck, G. (eds.) (1986) Aphasie. München: tuduv.

Springer, L. (1986a) Behandlungsphasen einer syndromorientierten Aphasietherapie. Sprache Stimme Gehör 10, 22-9.

Springer, L. (1986b) Erfahrungen mit der Visual Action Therapy. In: Springer & Kattenbeck (eds.), 205-28.

Springer, L. (1991) Kann und soll sprachsystematisches Üben in der PACE-Therapie stattfinden? Neurolinguistik 5, 117-30.

Springer, L. & Willmes, K. (1993) Efficacy of language systematic learning approaches to treatment. In: Pardis (ed.) (1993), 77-100.

Springer, L. (1996) Patientenorientierte Qualitätskontrolle in der Logopädie. In: Hedon-Klinik (ed.), Qualitätsmanagement Neurologische Frührehabilitation. Münster: Rhema, 55-60.

Springer, S.P. & Deutsch, G. (1995) Linkes/Rechtes Gehirn: funktionelle Asymmetrien. 3. Aufl. Heidelberg: Spektrum Akademischer Verlag.

Stachowiak, F.J. (ed.) (1993) Developments in the assessment and rehabilitation of brain-damaged patients. Tüningen: Narr.

Stark, J. & Stark, H.K. (1991) Störungen der Textverarbeitung bei Aphasie. In: Blanken (ed.) (1991a), 231-85.

Stark, J. & Stark, H.K. (1991b) On the processing of compound nouns by a Wernicke's aphasic. Grazer Linguistische Studien 35, 95-113.

Stark, J.A. (1992~97) Everyday language activities (ELA). Set 1-3. Wien: Eigenverlag.

Starkstein, S. & Robinson, R. (1989) Affective disorders and cerebral vascular disease. Br. J. Psychiatry 154, 170-82.

Steiner, J. (2001) Aphasie. In: Grohnfeldt, M. (ed.) Lehrbuch der Sprachheilpädagogik und Logopädie. Bd. 2: Erscheinungsformen und Störungsbilder. Stuttgart: Kohlhammer 205-18.

Stemberger, J.P. (1993) Spontaneous and evoked slips of the tongue. In: Blanken et al. (eds.) (1993), 53-65.

Stöhr, A. (1919) Lautsubstitutionen eines Aphasikers. In: Fröschels (1919), 84-92.

Tesak, J. (1990) Agrammatismus. Neurolinguistik 4, 1-41.

Tesak, J. (1991) Agrammatismus. In: Blanken (ed.) (1991a), 157-98.

Tesak, J. & Dittmann, J. (1991) Telegraphic style in normals and aphasics. Linguistics 29, 1111-37.

Tesak, J. & Hummer, P. (1994) A note on prepositions in agrammatism. Brain & Language 46, 463-8.

Tesak, J. (1996) Agrammatismus: Ein Update. Aphasie und Verwandte Gebiete 10, 100-11.

Tesak, J. & Niemi, J. (1997) Telegraphese and agrammatism: a cross-linguistic study. Aphasiology 11, 145-55.

Tesak, J. (2002) Aphasie - Sprachstörung nach Schlaganfall und Schädel-Hirntrauma. Ein Ratgeber für Angehörige. Idstein: Schulz-Kirchner.

Tesak, J. (2003) Das individualsyndrom in der Aphasie. Aphasie und Verwandte Gebiete 17, 49-54.

Tesak, J. & Küst, J. (2004). AAT und ACL im klinischen Vergleich. Poster, Jahrestagung der Gesellschaft für Aphasie, Nov. 2004.

Tesak, J. (2005a) Geschichte der Aphasie. 2. Aufl. Idstein: Schulz-Kirchner.

Tesak, J. (2005b) Grundlagen der Aphasietherapie. 4. Aufl. Idstein: Schulz-Kirchner.

Tesak, J. (2005c) "Der aphasische Symptomencomplex" von Carl Wernicke. Idstein: Schulz-Kirchner.

Tesak, J. (2006) Das "Bild" der Aphasie. Ein Essay zur Sprachlokalisation. Idstein: Schulz-Kirchner.

Tikofsky, R.S. (1984) Contemporary aphasia diagnostics. Speech & Language: Adv. Basic Res. Pract. 11, 1-111.

Tyler, L.K. (1987) Spoken language comprehension in aphasia: A real-time processing perspective. In: Coltheart et al. (eds.) (1987), 145-62.

Ulatowska, H.K. & Chapman, S. (1993) Text processing in aphasia. In: Blanken et al. (eds.) (1993), 303-11.

Van Lancker, D. (1993) Nonpropositional speech in aphasia. In: Blanken et al. (eds.) (1993), 215-25.

Vocate, D.R. (1987) The Theory of A.R. Luria. Functions of spoken language in the development of higher mental processes. Hillsdale, N.J.: Lawrence

Erlbaum.

Wade, D.T., Langon Hewer, R., David, R.M. & Enderby, P.M. (1986) Aphasia after stroke: Natural history and associates deficits. J. Neurol. Neurosurg. Psychiatry 49, 11-46.

Wade, D.T. (1992) Measurement in neurological rehabilitation. Oxford: OUP.

Währborg, P. (1991) Assessment and management of emotional and psychosocial reactions to brain damage and aphasia. Kibworth: Far.

Wallace, G. (ed.) (1996) Adult aphasia rehabilitation. Boston: Butterworth-Heinemann.

Wallesch, C.-W. (1988) Neurologische Sprachproduktionsmodelle. Der Streit um die Lokalisation sprachlicher Funktionen im Großhirn. In: Blanken et al. (1988), 151-72.

Wallesch, C.-W. (1990) Repetitive verbal behaviour: Functional and neurological considerations. Aphasiology 4, 133-54.

Wallesch, C.-W. & Horbach-Johannsen, H. (1991) Warum ist der Nutzen von Aphasietherapie so schwer nachweisbar? Grazer Linguistische Studien 35, 165-70.

Wallesch, C.-W. (1993) Medizinische Grundlagen bei erworbenen zentralen Kommunikationsstörungen. In: Grohnfeldt (1993a), 13-29.

Wallesch, C.-W. & Kertesz, A. (1993) Clinical symptoms and syndromes of aphasia. In: Blanken et al. (eds.) (1993), 98-119.

Weigl, I. (1979) Neuropsychologische und psycholinguistische Grundlagen eines Programms zur Rehabilitierung aphasischer Störungen. In: Peuser (ed.) (1979), 491-515.

Wernicke, C. (1874) Der aphasische Symptomencomplex. Breslau: Cohn & Weigert.

Wertz, R.T. (1993) Efficacy of various methods. In: Paradis (ed.) (1993), 61-75.

Wertz, R.T. (1995) Efficacy. In: Code & Müller (eds.) (1995), 309-39.

Wertz, R.T. (1996) Clinical descriptions. In: Wallace (1996), 39-55.

White-Thomson, M. (1999) Naming therapy for an aphasic person with fluent empty speech. In: Byng et al. (1999), 93-100.

Widdig, W., Ohlendorf, I. & Malin, J.-P. (eds.) (1996) Aphasietherapie im Wandel. Informationen aus medizinisch-apparativen Untersuchungsverfahren für Aphasietherapeuten. Freiburg: HochschulVerlag.

Wiese, R. (1996) The phonology of German. Oxford: OUP.

Williams, S.E. (1996) Psychosocial adjustment following stroke. In: Wallace (ed.), 302-23.

Worrall, L.E. & Frattali, C.M. (eds.) (2000) Neurogenic communication disorders. A functional approach. New York: Thieme.

Ziegler, W. (1989) Aphasisch-phonologische Störungen der Sprachproduktion. Neurolinguistik 3/1, 1-34.

Zurif, E. & Swinney, D. (1994) The neuropsychology of language. In: Gernsbacher, M.A. (ed.) (1994), The handbook of psycholinguistics. San Diego: Academic Press, 1055-74.

찾아보기

[인 명]

Albert, M. L. 26, 77, 83, 102
Aram, D. 28
Ardila, A. 23, 32, 83

Badecker, W. 49
Baker, E. 155
Basso, C. 101, 159, 173, 193
Bauer, A. 68, 183
Bayer, J. 129
Beauvois, M. F. 130
Benke, T. 93
Benson, D. F. 23, 32, 60, 83, 168
Benton, A. L. 173
Bhogal, S. K. 186
Biniek 178
Biorn-Hansen, V. 170
Blanken, G. 45, 62, 109, 146, 182
Blomert, L. 183
Boisclair-Papillon, R. 167
Bongartz, R. 183
Brandt, S. D. 158
Broca, P. P. 77
Brookshire 21, 27
Bucher, P. O. 27, 193
Buck, M. 170
Buckingham, H. W. 47, 56
Butterworth, B. 135, 136
Byng, S. 193

Caplan, D. 25, 85, 100, 109, 156, 178
Caramazza, A. 46, 85, 109
Chapey, R. 26
Chapman, S. 58
Cholewa, J. 133
Christman, S. S. 47, 56
Coleman, B. D. 183
Coppens, P. 100
Cramon, D. 71, 75
Critchley, M. 62
Crosson, B. 25, 102
Culton, G. L. 163

Danly, L. 61
Davis, G. A. 161, 170, 189, 190
De Bleser, R. 101, 117, 132, 159, 182
De Langen, E. 69, 71, 131
de Smedt, K. 112
Delavier, C. 178

Dell, G. S. 147
Denzler, P. 75
Derouesné, J. 130
Dijkstra, T. 112, 116, 134, 135
Dittmann, J. 25, 53, 56
Dogil, G. 64
Dressler, W. U. 40, 58
Duchan, J. F. 193
Duffy, R. J. 46, 69, 164
Duus 91

Engel, D. 58
Engl, E. M. 191
Espir, M. L. E. 100

Fodor, J. A. 112
Frattali, C. M. 187, 192
Friederici, A. 151, 152, 157

Gainotti, G. 168
Gall, F. J. 77, 91
Garrett, M. F. 137, 139, 141, 145, 147
Gerber, S. 183
Gerwig, M. 75
Geschwind 30, 77
Glass, A. V. 190
Glindemann, R. 68, 190
Gloning, K. 166
Goldenberg, G. 75
Goldstein, K. 76, 116
Goodglass, H. 30, 59, 82, 104, 155, 178
Goulet, P. 26
Graham, A. 178
Greener, J. 186
Grohnfeldt, M. 82
Grötzbach, H. 85, 186, 193
Gurland, G. B. 183

Harley 116, 147
Hatfield, F. M. 189
Heeschen, C. 53
Hegde, M. N. 35, 97
Helm-Estabrooks, N. 26, 78, 97, 102
Henderson, V. W. 23
Herrmann, M. 23, 68, 168
Hildebrandt, N. 157
Hilils, A. 107
Holland, A. 189
Howard, D. 189
Huber, W. 26, 60, 78, 95, 165, 178

Jackson, J. 57, 117
Joanette, Y. 26
Johannsen-Horbach, H. 170, 187, 190

Kaiser, G. 68, 183
Kalbe, E. 178, 181, 192
Kaplan, E. 30
Kay, J. 117
Kelter 85
Kempen, G. 116, 134, 135
Kertesz, A. 56, 84, 97, 165, 166, 178
Kessler, J. 25, 34, 87, 105, 171
Kimura, D. 100
Kirshner, H. S. 128, 164
Kohn, S. E. 82, 128
Kolk, H. 53
Kolk, H. H. J. 84, 146

Kotten, A. 117, 188
Kremin, H. 131
Kroker 178, 179
Küst, J. 181

Labourel, D. 170
Lang, C. 178
Langner, W. 178
LaPointe, L. L. 176
Lecours, A. R. 100
Leischner, A. 103
Lesser, R. 107, 117, 118, 191
Létourneau 168, 170
Levelt, W. J. M. 114, 137, 141, 152
Lichtheim, L. 77
Lomas, J. 184
Lorch, M. P. 131
Lyon, J. G. 171

Martin, R. C. 85, 170
Mayer, K. 178
McClelland, J. L. 113
Methé, S. 189
Metter, E. J. 102, 104
Milroy, L. 107, 117, 118, 191
Moen, I. 62
Mortley, J. 159
Myers, P. 26

Neubert, C. 191
Niemi, J. 53

Ohlendorf, I. M. 66, 131

Pachalska, M. 189
Peterson, R. C. 164
Peuser, G. 25, 44, 53
Pléh, C. 58
Poeck, K. 28, 59, 77, 83, 95 186
Prosiegel 75, 167
Pulvermüller, F. 187, 191

Rapp, B. 46
Regenbrecht, F. 58
Reitz, J. 117, 128, 130, 182
Rentsch, P. 27, 193
Risser, A. 192
Robey, R. R. 100, 186
Robinson 168, 169
Rosenbek, J. C. 23, 185
Roth, V. 192
Rumelhart, D. E. 113
Russel, W. R. 100
Ryalls, J. 23

Sands, E. 163
Schade, U. 112, 114
Schindler, O. 27
Schöler, M. 85
Schubert, A. 28
Schuell, H. 33
Schulte, E. 158
Schwarz, M. F. 144
Seewald, B. 159, 192
Shapiro, B. 61
Sheridan, J. 159
Smit, J. S. M. 190
Smith, K. L. 82
Spreen, O. 192

Springer, L. 185, 190
Stachowiak 192
Stark 58
Starkstein, S. 168, 169
Steiner, J. 30, 37, 76
Stemberger, J. P. 45

Tanner 171
Temp, K. 44
Tesak, J. 23, 53, 75, 100, 177, 193
Tyler, L. K. 155

Ulatowska, H. K. 58

Vanier 101

Wade, D. T. 165, 184
Währborg, P. 170
Wallace, G. 183
Wallesch, C. -W. 26, 62, 84, 97, 101, 166, 187
Weigl, I. 191
Wernicke, C. 32, 33, 77
Wertz, R. T. 186
White-Thomson, M. 159
Wiese, R. 42
Wilcox, M. J. 189, 190
Williams, S. E. 167, 168
Worrall, L. E. 187, 192

Zihl, J. 75

[내 용]

LEMO 159, 182, 192
PACE 190

가역성 문장 66, 80
가족구성원 170, 171, 184
가족구성원 상담 185
가족상담 188
가쪽고랑 90
각운 42
간략 실어증 검사 178
감별진단 154
개념체계 151, 155
개념화부 141, 153, 155
개방적 낱말부류 47, 52, 71
개별 낱말 처리 117, 118
개별연구 85
개인별 능력 프로필 86
개인별 증후군 30, 76, 85, 100, 179
검사도구 177, 178
겉질 실어증 26
겉질밑 실어증 26
경험론적 전략 149
계층화 112
계획 틀 140
고랑 90
고립 171
관자엽 89, 90
교차 실어증 100

국재설 99
국제기능장애건강분류 27, 193
굴절 48, 49, 52, 53, 74
굴절형태소 48
규칙 굴절 133
규칙적 음운 프로세스 138
급성 후기 30, 31
급성기 30, 164, 181
급성기 실어증 103, 164, 178, 179
급성후기 164
긍정적인 증상 117
기능 층위 137, 139, 146
기능어 133
기능적 논항구조 139
기능적 장애 117, 126
기능적 측면 150
기능층위 138
기억 26
기억장애 25
기호처리능력의 장애 28
길이효과 128

난해성 신조어 42, 47, 50, 127, 145
낭독하기 73, 123, 128
낱말 44
낱말 네트워크 113
낱말 산출 121
낱말 이해 147
낱말 층위 38, 49, 65
낱말결정실험 121
낱말부류 49, 71
낱말쓰기장애 131
낱말인식 134
낱말찾기 행동 58
낱말찾기장애 45, 58, 79, 127, 182, 190
낱말형식 실독증 130
내용어 133
내적 시각적 피드백 우회로 125
내적 청각 피드백 우회로 122
네트워크 112, 147
네트워크 모델 113
논리 · 통사 프로세스 138
뇌경색 95
뇌들보 89
뇌졸중 24, 95, 168
뇌줄기 89

다변증 60, 80
다중양상 29, 30, 176
단순통사구문 190
단실어증 62
단일광자방출단층촬영 102
단일양상 29, 30
담화 154
담화 분석적 진단 183
대뇌 89
대뇌겉질 89, 90, 92
대뇌반구 89
대뇌반구의 특성화 93
대뇌섬 90
대뇌엽 89
대치 40
독립명제 70
독자적인 모델 111, 134
동화 40
두음 42

뒤대뇌동맥 92
뒤통수엽 89
따라 말하기 81

로고젠 모델 117, 131, 159, 182, 191

마루엽 89, 90
마비말장애 28, 44, 60, 80, 144
만성기 31, 164
만성기 실어증 30, 103, 164, 178
말실행증 28, 29, 44, 80
말음 42
말장애 28
머리 49
메시지 층위 137, 138, 139
멜로디 억양 치료기법 190
명제어 57
명칭 실어증 79, 98
모듈 112
무반응 45, 73
무시 증후군 131
문맥 154
문맥효과 115
문법 형태소 151
문법적 부호해석 153, 156
문법적 부호화 142
문사적 의미 153
문어 69
문어적 능력 38
문자 착서증 70, 80
문자 착어증 40
문자소 네트워크 113
문자소 버퍼 119, 124
문자소-운동 양식 119, 124
문자소-음소 변환부 119, 123, 130
문자소-이문자 변환부 119, 124
문자소적 신조어 71
문자적 의미 149
문장 51
문장 교착 53, 147
문장 이해 147
문장 층위 38

바젤 미네소타 실어증 감별 진단 검사 178
반구 89
반복현상 38, 62
반향어 62, 64, 82
받아쓰기 125, 131
발어 불능증 23
발화의도 110, 111
베껴쓰기 125, 131
베르니케 실어증 79, 80, 98, 155
베르니케 영역 94
병렬 인터페이스 모델 151
병렬적 처리 114, 115
병렬적인 결손 154
병식결여증 26, 168
병인 31, 34
보상 117
보속증 40, 62, 64, 81
보스턴 학파 30, 77
부정적인 증상 117
분절 음운론 39
분절 층위 118
분절체계 136

분할 가정 109
불가역성 문장 66
불규칙 굴절 133
브로카 실어증 78, 84, 98, 157
브로카 영역 94
비낱말의 쓰기 125
비낱말점 135
비명제어 56, 57
비어휘적 경로 123, 128
비어휘적 자동구어 62
비언어적 접근법 190
비유창성 60, 61
비유창성 실어증 59, 68
비표준 증후군 79, 81
비형식적 절차 177

사이뇌 89
삭제 40
삼차적 우울증 169
상징처리 27
상향식 정보처리 115
상호작용 모델 110, 112
세계관 148, 154
소뇌 89
소리 내어 읽기 123
소엽 90
속목동맥 92
손상 23, 25, 32
손상 부위 32, 166, 167
손잡이 166
수용 실어증 33
수정행위 68
순수 낱말농 126
순수 실독증 130
스테레오타입 62, 63
시각 단기기억 119, 125
시각 분석부 122
시각 입력 어휘부 118, 122
시각(청각) 분석 119
시각-문자소 변환부 119, 122
시각적 동작 치료기법 190
식별점 135
신경근육 실행부 119, 121
신경근육적 실행 124
신경섬유 90
신고전주의 27, 34, 82, 86, 180
신고전주의적 학설 154
신독증 74
신문자 71
신조어 43, 49, 56, 80, 137, 145
신조어적 자곤 56
실독증 30
실문법증 51, 72, 78, 84, 146, 156
실서증 30, 70, 131
실어증 23, 37, 75, 89, 95, 107
실어증 예비 검사 178, 179
실어증 체크 리스트 178, 181
실어증 치료 184
실어증의 결과 167
실어증의 원인 24, 25, 95
실어증의 정의 23, 28
실어증의 진행 163, 165, 169
심리사회적 지원 188
심리사회적 후유증 167, 171
심리언어학 107, 109
심리언어학적 모델 110

심층 실독증 128, 129, 131, 132
쓰기 70, 72, 124

아동 실어증 28
아헨 실어증 검사 178, 180
아헨 실어증 병상 검사 178
아헨 학파 77, 78, 79, 83
암스테르담 네이메이헌 일상 언어 검사 183
앞대뇌동맥 92
양상 중심 30
양상별로 특수하게 국한된 장애 155
양전자방출단층촬영 102
어휘 기재항 142
어휘 선택 139
어휘 실서증 132
어휘 층위 118
어휘부 133, 142, 151, 153
어휘소 133, 142, 153
어휘소 정보 142, 152
어휘적 가설 157
어휘적 자동구어 62
어휘적-운율적 표상 153
억제 113
억제 유도 치료기법 186
억제 유도-실어증 치료기법 191
언어 26, 27
언어 건망증 23
언어 산출 111, 114, 137
언어 습득 28
언어 신호 153
언어 영역 95, 99
언어 이해 84, 147
언어 착독증 74
언어 착어증 45, 127
언어긴장 60
언어분열증 144
언어이해 모델 153
언어장애 25, 26, 28
언어적 요인 158
언어정보처리 103, 107, 110, 142
언어정보처리 모델 85
언어정보처리 모형들 109
언어중추 94
언어체계 151
언어학 85
언어학적 프로필 75, 76, 177
연결선 127
연결주의 100
연결주의 모델 112
연속 모델 110, 111
엽 90
영상 검사법 101
예기 40
예후 165
외국강세 증후군 61
외적 시각적 피드백 우회로 125
외적 청각 피드백 우회로 122
우반구 손상 26
우울증 168
운동적 부호화 138
운율 42, 61
운율 분석 153
운율장애 61, 80
운율체계 136
웨스턴 실어증 검사 178

위치 층위 137, 140, 146
유창성 38, 58, 60, 190
유창성 실어증 59, 68
음성 연속체 142
음성 층위 138
음성 표상 141, 152, 153
음성구조 143
음성적 계획 142, 144
음성학 39
음소 39, 145
음소 버퍼 119, 121, 128, 136
음소 신조어 47
음소 착독증 73
음소 착어증 39, 45, 50, 79, 137
음소-문자소 변환 124
음소-문자소 변환부 119
음소배열규칙 43
음소-음성 변환부 119, 121
음소적 자곤 56
음운 신조어 42, 50, 127
음운 실독증 129, 130
음운 실서증 131
음운 착독증 73
음운 착어증 39, 127, 145
음운 출력 어휘부 118, 136
음운 층위 151
음운 프로세스 138, 140
음운 형태 140
음운론 38, 39
음운론적 층위 65
음운변동 40
음운-어휘 경로 123, 128, 129
음운장애 44, 79
음운적 부호해석 152, 153, 155
음운적 부호화 135, 142, 143
음운적 전향자 156
음운적 주소 136
음절 42, 145
음절구조 43
음절구조체계 136
음절수 43
음향 분석체계 120
음향-음성 처리부 152, 153
음향-음소 변환부 119, 120, 126
의도 149
의미 네트워크 113
의미 신조어 51, 71
의미 착독증 74
의미 착서증 70, 71
의미 착어증 45, 56, 79, 81, 127, 145
의미 층위 118, 151
의미론 44
의미-어휘 경로 123, 128, 129
의미자질 네트워크 113
의미장애 44
의미적 분석 154
의미적 자곤 56
의미적 전향자 156
의미체계 120, 127, 136
의사소통 67, 69, 80
의사소통 중심의 진단 182
의사소통 중심의 치료방법 188
의사소통 학파 189
의사소통 효율 촉진법 190
의사소통장애 27, 182
의존명제 70

의존형태소 48
이랑 90
이름대기 45, 79
이마엽 89, 90
이차적 실어증 26
이차적 우울증 169
이해 38, 64, 74
인지 26
인지신경심리학 85, 107, 109
인지장애 25
일상생활 187
일상생활 중심의 치료방법 188
일상생활에서의 의사소통 182
일차감각겉질 93
일차운동겉질 93
일차적 실어증 26, 169
일차적 진행성 실어증 164, 165
읽기 72, 80

자곤 51, 54, 68, 72, 80
자동구어 56, 62, 81
자발화 37, 80
자연적 회복 164, 186
자유형태소 48
자조그룹 189
자질 네트워크 113
재인점 135
적응가설 146
전도 실어증 81, 98
전략적 접근법 190
전반 실어증 79, 81, 97
전반구 실어증 32
전보체 53
전산단층조영술 101
전체론 100
전향자 65, 150
점증적 언어 산출 144
접근하는 행동 58
접사 133
정서 변화 168
정서법 72
정서법 출력 어휘부 118, 124
정서법적 착서증 71
정신병 25
조어 48
조음 110, 111
조음 층위 138
조음부 141, 144
조합성 111
좌반구 손상 26, 168
주변 실독증 형태 130
주제화 149
주증상 77, 79, 176
중간대뇌동맥 92
중심 실독증 형태 129
중심고랑 90, 93
증상 중심의 검사 절차 177
증상 중심의 치료방법 187
증상 중심적 접근법 191
증후군 33, 84, 99, 165
증후군 변화 103
직업 상실 171
직접 실독증 128, 129
진행성 실어증 30, 164

착독증 73

착문법증 51, 53, 72, 80, 147
착서증 132
착어증 39
척추동맥 92
철자 읽기 72
첨가 40
청각 입력 어휘부 119
청각 단기기억 119, 122
청각 입력 어휘부 118, 120, 126
청각적 피드백 119
청자 요인 158
청자의 반응 148
체계적 접근법 189
초분절 음운론 38
초양상 29, 30
초피질 감각 실어증 81, 99
초피질 운동 실어증 81, 98
추론 150
추론 프로세스 138
출력 어휘부 121
치료 횟수 186
치료기법 190
치료단계 185
치료의 효율성 186
치매 24, 25
치환 40

컴퓨터 프로그램 192

텍스트 58
텍스트 이해 147
텍스트 층위 38, 58, 66
통사 분석기 152, 153, 157
통사 층위 151
통사 프로세스 138
통사론 51, 56, 57, 137
통사론적 층위 66
통사적 부호해석 154
통사적 정보처리 149
통합 모델 114
통합 착독증 74
통합 착어증 45
퇴행성 뇌질환 25
퇴행성 질환 24
투명성 가정 109
튀빙엔 루리아-크리스텐센 신경심리학 검사 178
틈새 89

파생 48, 74, 133
파생 프로세스 138
편재화 93
편향하는 행동 59
폐쇄적 낱말부류 47, 48, 52, 71
표제어 142, 153
표제어 정보 142
표준 증후군 79
표층 실독증 129, 131, 132
표현 실어증 33
표현적 요인 158

하향식 정보처리 115
합성 48, 133
핵심낱말전략 148, 152
핵심단어전략 66
핵음 42

핵형태소 48
행위자 139, 148
행위자우선전략 149
혈액공급 90, 92
형성부 141, 142, 143, 144
형식 착독증 74
형식 착어증 45
형식적 측면 150
형태 신조어 50
형태 착독증 74
형태 착어증 49
형태론 48, 133
형태소 48, 49
혼성 51
혼합 모델 141
혼합 초피질 실어증 81, 82
화용론 67, 68, 149, 189
환경 170
활성화 113
활성화 확산 113
효과 186
효율적인 의사소통 목록 184
후반구 실어증 32
휴지 58, 59
흐름도 모델 118

저자소개

Jürgen Tesak

- 오스트리아 Graz대학교 졸업(언어학)
- 미국 SUNY/Buffalo 수학(언어학)
- 스위스 Basel대학교 수학(독어독문학)
- 네덜란드 Leyden대학교 수학(언어학)
- 오스트리아 Graz대학교 졸업(Dr.phil., 언어학 및 심리학)
- 독일 Freiburg대학교 Post-Doc.
- 네덜란드 Max-Planck 심리언어학연구소 전임연구원
- 독일 Kreischa 유 · 청소년 신경재활센터 수석전임연구원
- 독일 Kreischa 소재 Bavaria 병원 부속 언어치료사양성학교 교장 등 역임
- 현재 독일 Idstein 소재 Fresenius 유럽전문대학교 언어치료학과 교수, 보건학부 학장

역자소개

배진애

- 독일 Bielefeld대학교 석사과정 졸업(임상언어학)
- 독일 Bielefeld대학교 박사과정 졸업(임상언어학)
- 대불대학교 언어치료청각학과 강의교수
- 현재 파크사이드 재활의학병원 언어치료실
  충남대학교 대학원 언어병리학과 겸임교수

류병래

- 독일 Wuppertal대학교 박사과정 수학(언어학, 철학 및 독어독문학)
- 독일 Tübingen대학교 박사과정 졸업(언어학)
- 독일 Wuppertal대학교/Tübingen대학교/Düsseldorf 대학교 전임연구원
- 독일 Düsseldorf대학교 언어학과 전공 시간강사
- 현재 충남대학교 언어학과 부교수

박정식

- 독일 Freiburg대학교 석사과정 졸업(독어학)
- 독일 Tübingen대학교 박사과정 수학(독어학)
- 독일 Köln대학교 석사과정 졸업(언어장애재활교육학)
- 현재 박정식 언어임상연구소 소장
  서강대학교 부설 평생교육원 강사(언어심리학)
  충남대학교 대학원 언어병리학과 겸임교수

역자와의
협약으로
인지생략

실어증의 이해

Einführung in die Aphasiologie

2007년 10월 10일 1판 1쇄 인쇄
2007년 10월 15일 1판 1쇄 발행

지은이 • Jürgen Tesak
옮긴이 • 배진애, 류병래, 박정식
펴낸이 • 김진환
펴낸곳 • 학지사
121-837 서울시 마포구 서교동 352-29 마인드월드빌딩 5층
대표전화 • 02-326-1500 팩스 • 02-324-2345
등록 • 1992년 2월 19일 제2-1329호
홈페이지 www.hakjisa.co.kr

ISBN 978-89-5891-555-3 93370
가격 14,000원

잘못된 책은 구입처에서 교환하여 드립니다.